OS PERSAS, DE ÉSQUILO

COLEÇÃO SIGNOS
dirigida por Augusto de Campos

Supervisão editorial:
J. Guinsburg

Projeto gráfico e capa:
Sergio Kon

Edição de texto
Adriano C.A. e Sousa

Revisão de provas:
Iracema A. de Oliveira

Produção:
Ricardo W. Neves
Sergio Kon
Luiz Henrique Soares
Elen Durando

OS PERSAS

de ÉSQUILO

TRAJANO VIEIRA
TRADUÇÃO E INTRODUÇÃO

PERSPECTIVA

CIP-Brasil. Catalogação na Publicação
Sindicato Nacional dos Editores de Livros, RJ

P548

　Vieira, Trajano
　　Os Persas de Ésquilo / tradução e introdução Trajano Vieira. –
1. ed. – São Paulo : Perspectiva, 2013.
　　144 p.　　(Signos ; 55)

　ISBN 978-85-273-0979-0

　　1. Poesia grega. I. Vieira, Trajano. II. Série.

13-01115　　　　　　　　　　　　　　　　CDD: 881
　　　　　　　　　　　　　　　　　　　　CDU: 821.14'021

16/05/2013　　16/05/2013

1ª edição
[PPD]

Direitos reservados à
EDITORA PERSPECTIVA LTDA.

Av. Brigadeiro Luís Antônio, 3025
01401-000 São Paulo SP Brasil
Telefax: (11) 3885-8388

www.editoraperspectiva.com.br

2019

Sumário

9   ESCRITURA DRAMÁTICA

25   OS PERSAS

81   ΠΕΡΣΑΙ

137   COMENTÁRIOS SOBRE *OS PERSAS*

Escritura Dramática

1

Quando se diz que *Os Persas* é a mais antiga tragédia grega remanescente, deve-se relevar alguns dados: em primeiro lugar, Ésquilo tinha cerca de cinquenta anos de idade quando a representou no festival ateniense em homenagem a Dioniso, na primavera de 472 a.C., junto com outros dois dramas perdidos que compunham a trilogia, ganhadora do primeiro prêmio: *Fineu* e *Glauco de Pótnias*. Se considerarmos que o poeta iniciou sua produção em 499 a.C. e a concluiu em 456 a.C., ano de seu falecimento em Gela, aos 69 anos de idade, constatamos que escreveu *Os Persas* no vigésimo sétimo ano de sua carreira. O corego (patrocinador dos ensaios do coro e de seu vestuário) foi o jovem Péricles, cujo pai, Xantipo, desempenhou função proeminente na batalha de Salamina em 480 a.C., responsável por introduzir em

Atenas, como relíquia de guerra, os cabos da ponte construída por Xerxes sobre o Helesponto (Heródoto, *Histórias*, 9, 121). Foi Xantipo o general envolvido na tomada de Sesto. Em páginas impressionantes, Heródoto conta que ele prendeu e mandou fixar Artaicte numa prancha, para testemunhar a morte do filho por lapidação. Esse aliado de Xerxes violara a tumba do herói Protesilau em Eleunte e roubara as relíquias do templo anexo, onde mantinha relações sexuais com mulheres, quando de passagem pela cidade (Heródoto, *Histórias*, 9, 116-121). Um trecho de *Rãs* (1296-1297) alude à participação de Ésquilo na batalha de Maratona, contra Dario, em 490 a.C., onde presenciou a morte do irmão. A importância de sua atuação militar pode ser devidamente avaliada pelo fato de seu epitáfio restringir-se ao episódio, silenciando sua carreira dramatúrgica. Ésquilo provavelmente estava em Atenas quando a cidade foi saqueada e destruída por Xerxes em 480 a.C.

A dimensão gigantesca do exército encabeçado por Xerxes é referida por Heródoto: 5.283.220 homens, metade dos quais militares (*Histórias*, 7, 184). Poucos historiadores modernos concordam com número tão alto, mas ele não deixa de ser relevante da perspectiva do imaginário literário, o que também tem a ver com um poema dramático como *Os Persas*. Na peça, a desproporção entre as frotas antagonistas é destacada: perto de 1.000 navios, além de 207 barcos rápidos, do lado persa (341-343); algo como 300, além de 10 de reserva, do lado grego. Tampouco na versão de Heródoto (*Histórias*, 7, 33-36) foi desprezível a esquadra persa que compôs a ponte no Helesponto: 674 trirremes e 50 galés ao longo de 1,5 mil metros, interligando Abido, da face asiática, e o promontório de Sesto, do lado europeu. Novamente, cabe o registro de que, mais do que a verdade numérica, vale sobretudo a escala descomunal, aspecto acentuado nas várias passagens da peça que aludem ao portento construído por Xerxes (65-72, 112-113, 130-132, 719-726, 734-736, 745-751). É oportuno recordar, sobre essa referência à ponte, a interpretação de um dos mais agudos comentadores da tragédia grega, Winnington-Ingram[1]. O helenista inglês insiste em sua função simbólica, comparando-a à conhecida passagem do *Agamêmnon*, em que o rei pisa em tecidos purpúreos ao retornar de Troia. Ambas as cenas prenunciam o desastre. Dario atribui a derrota do filho à punição de Zeus, contrariado justamente com a construção da ponte, que "abole a fronteira natural entre o Leste e o Oeste". Essa interpretação encontra respaldo em outro episódio: a mesma palavra com que o coro fala da ponte, "jugo" (72), é empregada pela rainha ao relatar o pesadelo em que viu o filho ser arremessado ao chão, por causa do conflito entre as duas irmãs que puxavam a carruagem, uma moradora do Ocidente, a outra habitante do Oriente (50).

Os Persas é a única tragédia grega sobre um episódio histórico que chegou até nós. Seu núcleo, portanto, não é o mito heroico, recorrente em outros dramas. Vez por outra surgem avaliações negativas a seu respeito, na esteira do que escreveu Wilamowitz, para quem Ésquilo, em 472 a.C., "podia construir uma tragédia sem qualquer unidade de plano e de ação"[2]. Duas objeções poderiam ser formuladas acerca desse juízo: em primeiro lugar, não foi assim que os atenienses viram o drama, já que lhe conferiram premiação máxima no concurso de que participou; em segundo, Ésquilo era um autor com longa experiência literária quando escreveu a peça, beirando os 50 anos de idade. De qualquer modo, não é raro encontrarmos ainda hoje a opinião de que a tragédia é monótona ou dramaticamente menos complexa do que outras do autor. É verdade que, paralelamente a essa recepção, outra bem mais positiva tem sido divulgada nos últimos anos. Penso, por exemplo, nos ensaios que Edith Hall vem publicando, a partir de sua edição crítica dos *Persas*, nos quais

---

1 Cf. Zeus in the Persae, *The Journal of Hellenic Studies*, v. 93, 1973, p. 210-219.
2 *Aischylus Interpretationen*, 2. ed., Berlin: Weidmann, 1966, p. 48.

analisa a matriz das tensões na relação Ocidente/Oriente, na esteira do *Orientalism* de Edward Said[3].

Quase oito anos separam a batalha de Salamina e a encenação dos *Persas*. Durante esse período, Ésquilo presenciou não só a reconstrução de Atenas, como o nascimento de um novo império encabeçado pela cidade. Não será equivocado entrever no drama um alerta contra o risco do excesso de poder. O poder descomedido acarreta a mudança brusca de destino na tragédia de um modo geral e, no caso dos *Persas*, na história. Nota-se, pois, certa similitude entre mito e história: ambos revelariam fragilidade em seu apogeu. Essa percepção é típica não só da tragédia grega, como da cultura helênica de um modo geral. Ao falar dos persas, Ésquilo pensa provavelmente em Atenas. A ponte sobre o Helesponto seria não só um elo da ligação problemática entre Oriente e Ocidente, mas também o vínculo que exprime a exuberância e a vulnerabilidade imperial. E os episódios do rápido fortalecimento de Atenas são numerosos. Político controverso, antagonista de Xantipo, Temístocles (534-459 a.C.) passa a exigir indenizações de ilhas que haviam apoiado a esquadra de Xerxes. "Sua avidez nunca tinha fim", escreveu Heródoto (*Histórias*, 8, 112), que o desprezava, diferentemente de Tucídides. Não é o caso de pormenorizar a biografia desse político complexo (condenado à morte *in absentia*, aliou-se aos ex-inimigos persas, empossado governador de Magnésia pelo rei Artaxerxes...), que encarna a tendência imperialista de Atenas, enriquecida com tributos e indenizações. Os tesouros depositados em Delos e transferidos em 454 a.C. para Atenas, fruto de arrecadações, são a imagem da nova hegemonia. É possível que, ao escrever *Os Persas*, Ésquilo admirasse e receasse o destino que se delineava para a cidade.

Talvez, por esse motivo, construiu de maneira tão diferente as personagens Dario e Xerxes. Ambos se empenham na expansão imperial,

---

3   Cf. E. Hall, Introdução, *Aeschylus-Persians*, 2. ed., Oxford: Aris&Phillips, 2007. (A reedição apresenta suplemento bibliográfico.)

mas só o segundo conhece o destino trágico. Dario submete suas conquistas a certos parâmetros, responsáveis pela manutenção de algum equilíbrio nas relações regionais, ao contrário do filho, cuja ação desenfreada desprezou os lindes orientais. Aos olhos de Dario, essa investida significa violência sem escala, é exemplo de húbris. Aos olhos de Ésquilo – acrescente-se – também (818-822):

> Silentes pilhas cadavéricas indicam
> aos olhos pósteros que o ser humano não
> deve nutrir de pretensão o pensamento:
> a espiga da ruína (*ate*) frutifica se
> aflora a desmedida (*húbris*), e a messe é o lamento.

Não deixa de ser um sinal irônico da decadência persa o argumento com que a rainha explica o descaminho do filho: as más companhias. A orfandade teria levado Xerxes a frequentar ambientes suspeitos, desvirtuadores de seu caráter. Os valores paternos não estariam suficientemente sedimentados na personalidade do filho. A imaturidade teria causado o fim do império persa. Poderíamos imaginar algumas hipóteses para Ésquilo apresentar a crise a partir desse ângulo: Caracterização de uma cultura considerada decadente? Preocupação com a formação do jovem ateniense? Situação da mulher ateniense diante da perda do marido e dos filhos na guerra? Qualquer que seja a resposta, ela não altera o ponto fulcral: Xerxes não se confunde com Dario, é uma personagem fragilizada pelo descontrole da ambição. Seu ímpeto expansionista nada tem a ver com a capacidade de o pai avaliar as perdas na condução do exército.

Nicole Loraux faz um comentário breve, mas pertinente sobre *Os Persas* em *La Voix endeuillée* (A Voz de Luto)[4]: o "elogio de Atenas" não anula o tom pesaroso de "oração fúnebre", cujo efeito no público

---

4 *La Voix endeuillée: Essai sur la tragédie grecque*, Paris: Galimard, 1999, p. 71-77.

poderia parecer, num primeiro momento, contraditório com o que imaginamos ser a representação teatral do fim da submissão prolongada. Trata-se de um paradoxo. Paradoxo, acrescento, entre o regozijo despertado pela força finalmente imposta e a ansiedade despertada pela imagem da potência decaída. A similitude entre essas situações inversas deve ter despertado na plateia valores tradicionais como temperança e equilíbrio. Estaríamos, portanto, bem distantes do conselho final que Dario oferece ao coro, antes de retornar ao Hades. O *topos* da busca do prazer diante da brevidade da vida não é estranho à tragédia grega[5], mas, no âmbito da fala de Dario, confere à passagem um tom orientalizante com que o público provavelmente não se identificou (840-842):

> Concedei à ânima
> o dia a dia do prazer, mesmo em agruras,
> pois ao defunto é vão acumular pecúnia.

2

As críticas sobre a eventual monotonia e a falta de unidade dramática nos *Persas* parecem-me determinadas por sensibilidade pouco afeita a experiências modernas de representação. Desconsideram a possibilidade de uma performance clássica ser interessante, sem se submeter a padrões habituais da produção do período. Não que *Os Persas* não contenha, por exemplo, elementos importantes que seriam destacados por Aristóteles na *Poética*, como o efeito desastroso da arrogância e a reviravolta do destino. Xerxes, segundo a sombra de Dario, desrespeitou a ordem cósmica ao tentar fundir Oriente e Ocidente, através do Helesponto. É o cometimento da violência sem parâmetro (*húbris*) que

---

[5] Ver, por exemplo, *Suplicantes*, 953 s.

desencadeia sua punição e a reversão de sua fortuna. O poeta apresenta valores culturais contrastantes entre persas e atenienses que certamente agradaram a plateia. Nenhum líder grego é nomeado, ao contrário dos antagonistas, e o anonimato coletivo foi justamente um dos pilares da democracia ateniense em formação.

Em lugar de escrever uma peça sobre a vitória grega, Ésquilo preferiu concebê-la do ângulo do antagonista: a derrota persa em Salamina. Ao fazê-lo, imaginou que essa perspectiva facilitaria suas invenções verbais. Há ações e cenas interessantes no drama, mas nada que supere o que o poeta realiza no plano da escritura. Dificilmente encontraremos melhor exemplo teatral de sobriedade melancólica. Aos olhos gregos, há um artificialismo, não exatamente desprezível, no comportamento persa, que tende à representação estática. A teatralização da formalidade é elaborada sobretudo no âmbito textual. São longos e recorrentes os catálogos de nomes de líderes orientais, cuja função, por um lado, é acentuar a magnitude do contingente e, por outro, criar um efeito fantasmagórico de distanciamento. O autor alcança seu objetivo adaptando com notável maestria os nomes orientais à métrica convencional da tragédia. Num dos apêndices de sua edição crítica dos *Persas*, Broadhead registra que 75% dos nomes dos militares aliados dos persas são "genuinamente iranianos"[6]. Observo, por outro lado, que há nada mais nada menos que seis catálogos de aliados de Xerxes: 21-32, 302-327, 958-961, 967-972, 981-985, 993-999. Num estudo pioneiro publicado em 1898, Headlam já comentava que em nenhuma outra obra Ésquilo fez uso de tantas formas do dialeto dos jônios, mais próximos geograficamente dos persas. Segundo o autor, a repetição vocabular (259, 988, 993, 1002, 1056) também seria "uma representação do estilo oriental"[7]. Edith Hall chama

---

6   Henry Dan Broadhead, *The Persae of Aeschylus*, Cambridge: Cambridge University Press, 1960, p. 318-321.
7   Walter Headlam, Aeschylea, *The Classical Review*, 4, 1898, p. 189-193.

igualmente a atenção para a forte presença de "a" e "ai", recorrente no persa antigo, como, por exemplo, nos versos 256-259:

ἄνια ἄνια, νεόκοτα καὶ
δάï· αἰαῖ, διαίνεσθε Πέρ–
σαι τόδ' ἄχος κλύοντες.

CORO:
Oh! Ai! Que guai! Chorai a sina aziaga
da Ásia,
cientes do revés![8]

A autora lembra ainda que, no período clássico, essa vocalização foi objeto do humor de Aristófanes num verso das *Rãs* (838), em que Eurípides acusa Ésquilo de ser um "boquirroto sem freio, sem poder, sem porta", que, em grego, aparece numa sequência de palavras iniciadas com alfas privativos: *akhálinon, akratés, apýloton*.

Refiro outro verso, com o intuito de destacar a excelência técnica de Ésquilo e a incorporação de elementos orientais na linguagem dos *Persas*. No 657, ele emprega duas vezes uma palavra oriental: *ballén*. Em frígio significa "rei", embora a hipótese de ela ter origem no título honorífico fenício "Ba'al" não seja descartada por Edith Hall[9]. Chantraine a relaciona a "uma pedra preciosa fabulosa"[10]. Numa tradução recente da peça, Sommerstein mantém a palavra em itálico e a elucida numa nota de rodapé, evitando portanto sua tradução[11]. Edith Hall adota solução mais criativa, com "a intenção de imitar seu

---

8   Op. cit., p. 23.
9   Idem, p. 154.
10 Pierre Chantraine, *Dictionnaire étymologique de la langue grecque*, 2. ed., Paris: Klincksieck, 1999.
11 Alan Sommerstein, *Aeschylus: Persians, Seven Against Thebes, Suppliants, Prometheus Bound*, Harvard: Loeb Classical Library, 2008, p. 86.

efeito orientalizante": "Shah". Nenhum dos comentadores que consultei atenta para outro aspecto da construção do verso. Há um assíndeto composto de três imperativos bissílabos com sentido semelhante: *íthi, hikou, / elth'*: "vem, acorre, chega", numa versão literal. Dá-se que o substantivo frígio *ballén*, nesse contexto, lembra uma forma de imperativo do verbo grego *bállein*, que tem como um dos sentidos possíveis "ir". *Báll' es kórakas*, "vai para os corvos!", é a expressão coloquial correspondente ao nosso "vai para o inferno!". Nesse caso, aumentaria o leque de vocábulos com semântica em "vir". O coro, ao evocar ansiosamente a presença de Dario, usa um título nobiliárquico oriental que sugere, pelo contexto, um verbo grego! Nota-se, no verso seguinte, outro uso redundante de duas palavras, uma delas deslocada de contexto. Homero emprega uma vez a expressão *tá ákra kórumba* (*Il.* 9, 241), a "barra de argamassa do cadaste do navio"[12]. É surpreendente encontrar essa expressão aludindo à superfície tumular. Provavelmente, inspirado pela redundância de imperativos com sentidos idênticos do verso anterior, Ésquilo tenha pensado no sentido literal da expressão, também ela redundante: *ákros* (cimo, ápice, acume) + *kórumbos* (extremidade superior, cume). Essa estrutura complexa, procurei compensá-la do seguinte modo em minha versão:

βαλλήν, ἀρχαῖος βαλλήν, ἴθι, ἱκοῦ,
ἔλθ' ἐπ' ἄκρον κόρυμβον ὄχθου

Ajuda, xá, ancestre xá, não jazas! Já!
Sobe ao topo do tampo da tumba

Em nenhuma outra peça, Ésquilo usou tantos epítetos ornamentais (desnecessários do ponto de vista semântico) como nos *Persas*, um total de 26, contra apenas 8 no *Agamêmnon*. Naquele que continua a ser o

---

12 P. Chantraine, op. cit., p. 4.

mais importante estudo sobre o estilo do poeta, Earp comenta que essa concentração "contribui com o efeito almejado de pompa e grandeza"[13]. Há outro ponto a ser destacado sobre esses compostos: a repetição de seus elementos sugere, além de pompa e magnitude, a ideia de imobilidade e redundância do universo oriental. Só na fala inicial, o composto *polýkhrysos*, "multidourado", é empregado quatro vezes (3, 9, 45, 53).

O uso repetido de palavras compostas com *poly-* (muito) é também funcional. O excesso numérico indica não só o portento como a vulnerabilidade, a ausência de dinâmica de um contingente que se impõe pela soberba e pelo fausto, submetido ao esplendor de um código paralisante de valores. Salvo engano, na abertura, são nove palavras configuradas com esse prefixo, sem falar das que incorporam *pan-* (todo, tudo, por exemplo, nos versos 53, 269, 903). Destaco, nesse trecho, o verso 83, formado de dois vocábulos apenas, ambos com o prefixo *poly-*, e um conectivo: *polýkheir kaí polynaútas*: "plurimãos e plurinautas". Essa proliferação de termos diferentes que sugerem o caráter ilimitado do universo persa envolve também o emprego de *plethos* (multidão), *stiphos* (massa) e *okhlos* (aglomeração). Sem pretender ser exaustivo, menciono versos em que aparecem, apenas com a intenção de evidenciar para o leitor a intenção do autor em caracterizar com léxico redundante essa ausência de limite: 13, 40, 337, 342, 352, 413, 955. Chamam também nossa atenção epítetos como *khiliárkhos* (304: quiliarco, comandante de mil homens) e *myriotagós* (993: comandante de dez mil homens).

Para representar o crepúsculo de um império portentoso, Ésquilo concentrou-se na criação de artificialismos lexicais e sintáticos. Até as imagens lancinantes de outras peças ficam em segundo plano nos *Persas*, onde, repito, a questão central é fazer corresponder à artificialidade requintada de uma cultura o artificialismo da linguagem hiperelaborada. A sintonia entre esses planos parece ter determinado seu trabalho.

---

13 Frank Russel Earp, *The Style of Aeschylus*, Cambridge: Cambridge University Press, 1948, p. 16.

Assim, não poderiam estar ausentes da peça os trocadilhos em que Ésquilo foi inexcedível. Tão marcantes quanto os versos 688-689 do *Agamêmnon*, em que o nome *Helenan* (Helena) ecoa em *helenas, helandros, heleptolis* (destruidora de naus, destruidora de homem, destruidora de cidades), ou os 1080-1082 da mesma peça, em que há a aproximação entre *Apollon... apollon emos... apolesas* (Apolo... destruindo-me... destruíste), ou ainda os versos 17, 45 e 315 das *Suplicantes*, em que o nome Êpafos é associado a *epafé* (toque, tato) e *éfapsis* (ação de tocar), são as passagens dos *Persas* nas quais *Persai* (verso 171, por exemplo) é relacionada ao infinitivo *persai* (verso 178: destruir). A ação dizimadora de Xerxes aparece no epíteto *perseptolis* (destruidor-de-cidade), num verso carregado na aliteração em *p* (65):

πεπέρακεν μὲν ὁ περσέπτολις ἤδη

Numa tradução literal, seria:

o destruidor-de-cidades já atravessou...

Procurando registrar algo do efeito original, verti-o assim:

A tropa meda imódica ao levar o medo...

O público sensível não só à ação, mas também à musicalidade de uma língua permeada de elementos alienígenas, que incorporava no grego o timbre oriental, reconheceu a qualidade dos *Persas*, conferindo-lhe o primeiro prêmio no festival ateniense. Trata-se de uma peça para ser ouvida, não só admirada visualmente. Muitos episódios e diálogos parecem construídos com base na invenção verbal de Ésquilo, que mantém a solenidade incomum ao tratar do declínio de um império colossal. Que ele associe sutileza "feminina" à vulnerabilidade militar, é algo que o leitor notará devido à recorrência de compostos com o radical *habro-*.

O adjetivo *habros*, segundo Chantraine[14], significa "gracioso, delicado". Hesíodo foi o primeiro a empregá-lo, como epíteto de *parthenos*, "virgem" (frag. 218). Sua associação ao universo feminino também parece clara em Baquílides, onde se lê *habrobios* (17, 2), que o linguista verte por "vida efeminada". Chantraine sugere para seu primeiro registro nos *Persas* (41), *habrodíaitos*, a tradução "de vida refinada" ("live in luxury" é como Edith Hall traduz o vocábulo). A importância do termo na caracterização dos persas é inegável, sendo suficiente registrar o número de versos em que surge em compostos: 41, 135, 541, 543, 1073. Essa última ocorrência me parece emblemática da caracterização que Ésquilo faz do contingente persa. No desfecho do drama, vestindo farrapos, Xerxes avança pela cidade natal, dialogando com o coro. Profere o rei:

γοᾶσθ' ἁβροβάται

Chantraine propõe "à la marche languissante". Preferi vertê-lo assim:

Lamentai passilânguidos.

Se todo drama grego é um artefato verbal, nenhum elegeu a escritura como núcleo da expressão cênica como *Os Persas*. A contenção sóbria e a melancolia solene, a altivez luxuriante raramente foram expressas com tanta originalidade, em versos de sonoridade bastante complexa, muitos deles influenciados pelo tom oriental incorporado no dialeto jônico. O rebuscamento barroquizante da linguagem requintada, para abordar uma cultura vista de uma perspectiva enigmática, talvez tenha inspirado os comentários de Aristófanes sobre a linguagem de Ésquilo nas *Rãs*, particularmente nos versos proferidos pelo coro (814-829), logo antes do embate entre Ésquilo e Eurípides,

---

14 Op. cit., p. 4.

que, como já se notou[15], prenunciam de algum modo o "Jaguadarte" de Lewis Carroll:

> CORO:
> O altitonante vai enverdecer de raiva
> ao ver o dente acriloquaz que o contrartista
> afila. Então a fúria apavorante
> regira a órbita da vista.
>
> E explode o embate elmoflâmeo de palavras
> crinialtivas e farpas de cavilha e entalhes
> de labores quando um rejeite a fala
> trotante do âmagomentor.
>
> Hirto na nuca o velo criniveludoso,
> franze de sanha o cenho, ruge e arroja termos
> que rebita, siroco de titã
> avesso às tábuas do navio.
>
> E o boquifabro, esmiuçador vocabular,
> língua limada à espira, vibra a brida-invídia,
> desconstruindo o dito, levialgoz
> da plena pena dos pulmões.

3

Raramente o declínio imperial foi configurado de modo tão soturno como nos *Persas*. Ésquilo leva a cabo seu projeto, hiperdimensionando o universo oriental e sugerindo repetidamente a sofisticação de sua cultura. Sua estratégia linguística revela-se bastante funcional: a redundância no emprego de termos cuja semântica sugere o tamanho

---

15 Ver William Bedell Stanford, *Aristophanes: Frogs*, Bristol: Bristol Classical Press, 1958, xxxv.

descomunal, a criação de compostos incomuns, os catálogos "mântricos" de nomes exóticos que acentuam a atmosfera misteriosa. O tom pesaroso que permeia o drama decorre não tanto da ação encenada como da palavra proferida. É de supor que os elementos sonoros orientais introduzidos no grego tenham fascinado o público. Ésquilo "persifica" o grego ao falar do fim da hegemonia de Xerxes. Ao fazê-lo, coloca a palavra no centro da cena, não a palavra rebarbativa do extravasamento emocional, mas a solene, construída com rara imaginação e rigor formal. Teatro para audição tanto quanto para visão. Nas *Rãs*, Aristófanes insiste na notável capacidade esquiliana de invenção verbal. Adepto do registro coloquial, Eurípides acusa-o, na comédia, de incompreensível (937-944):

> EURÍPIDES:
> Não punha equinogalos nem capriveados,
> estampas que decoram os tapetes persas.
> Tão logo recebi de ti a arte obesa
> da bravata, da qual pendia a parolice,
> tratei de impor-lhe dieta: retirei gordura
> com giro, acelgas laxativas, palavrinhas
> e suco de conversas que espremi dos livros,
> monodia ao vapor, mexido de Cefísofo.[16]

Ésquilo levou ao extremo a pesquisa da expressão vocabular, sem abrir mão da dicção contida. Na literatura grega, embora em outro âmbito e com outros propósitos, o único autor que se lhe equipara nesse campo é Aristófanes, que cunhou o maior neologismo do idioma, uma palavra-cardápio com 169 letras (*Assembleia de Mulheres*, 1169-1175). Sempre interessou ao trágico o registro elevado na caracterização do

---

16 Segundo fontes alexandrinas, Cefísofo teria colaborado com Eurípides na composição de tragédias. Hospedado em sua casa para realizar o trabalho, teria seduzido a mulher do poeta.

código aristocrático. Só Píndaro conseguiu sugerir a aura desse universo com economia verbal equiparável. A crise da rainha, mãe de Xerxes, se acentua dramaticamente não com uma eventual notícia do filho ferido, mas com a informação sobre a precariedade de sua vestimenta. É a vulnerabilidade do esplendor, aparentemente inabalável, que parece ter motivado, de um modo geral, a criação dos *Persas*.

Os Persas

PERSONAGENS DO DRAMA:

CORO DE VELHOS PERSAS
RAINHA, mãe de Xerxes (Atossa)
MENSAGEIRO
FANTASMA DE DARIO
XERXES

(*A cena ocorre na cidade de Susa, na Pérsia. Avista-se no local o túmulo de Dario.*)

CORO:
Eis-nos, os únicos remanescentes
dos persas, hoje na Hélade. Fiéis
nos chamam, guardiões do paço pluridourado. O basileu, o magno Xerxes,
estirpe de Dario,
nos incumbiu de vigiar aqui,
em reconhecimento às nossas cãs.
À espera de que torne o rei dos reis
à frente do tropel pluridourado,
10[1] o coração profético-soturno
se interna em aflição,
pois todo brio originário da Ásia
partiu e, ausente o homem, grunhe o cão
. . . .
Nenhum palafreneiro ou mensageiro
arriba neste burgo persa, Susa
deixada para trás, e Ecbatana
e o propugnáculo ancestral de Císsio:
parte foi em navio, parte a cavalo,
20 a maioria foi a pé compor
o aglomerado marcial. Amistres

---

1   A numeração acompanha a sequência dos versos do original grego.

partiu, partiu Artáfrenes, além
de Megabates, junto com Astaspes,
os líderes dos persas,
vassalos basileus do Basileu,
inquietos, entestando pluriexércitos,
os magniarqueiros, ases montadores,
tétricos de avistar, horror no prélio
pelo ímpeto empenhado.
Mais Artembaris, hípicoaguerrido,
e Masistrés e Imeu, um magniarqueiro
impoluto, Farándaques também,
Sostanes, condutor de seus corcéis.
Plurinutriz, o enorme Nilo envia
Susíscanes, Pegástago, egípcio
da gema, além do arconte mor da imácula
Menfis, Arsames com Ariomardo,
imperador do mítico rincão
tebano, os quais desbravam os paludes
no delta, embasbacantes remadores
de galés, impossíveis de contar,
chusma infinita engrossando o grupo.
E os lídios, de vivência delicada,
acorrem copiosos: todos cedem
a seu comando continente adentro,
regidos por Metrógates e Arcteu
imáculo. E os sardos aurimúltiplos
galopam encimando muitos carros

enfileirados dupla ou triplamente,
aparição apavorante à turba.
E os habitantes do sagrado Tmolo
cogitam de ambiarremessar na Hélade
o jugo subjugante: Mardo e Táribis,
bigornas do punhal, além dos mísios
lanceiros. Babilônia multiáurea
cedeu coluna arisca pan-mesclada:
nautas fiados na filáucia do arco.
No rasto vinha a multidão asiática
adejando as adagas,
solícito cortejo do grão Rei.
Assim deixou a Pérsia a antológica
flor de varões viris
e tantos quantos a Ásia procriara
omnilamenta em nostalgia lúgubre,
e pais e esposas, numerando os dias,
vêem delongar-se, trêmulos, o tempo.

A tropa meda imódica ao levar o medo
transpõe o linde em vínculo de liame líneo,
no estreito de Hele Atamantida,
após lançar
a trela na cerviz marinha presa em pregos.

A Ásia entesoura plurigente. O rei de têmpera
pascenta o armento humano em senda dupla,

por terra e mar, fiado em guias
acres, ríspidos,
80   da estirpe do ouro, lume símile-divino.

Seu olho chispa o azul sombrio de um drago rubro.
Plurimãos, plurinautas
sobre a caleche síria,
conduz contra lanceiros Ares arcoarisco.

E quem faz frente ao mega turbilhão de heróis,
90   um dique antiôndula do mar nefando?
Tropel irrefreável, âmagoafoito.

Há quem se furte à fraude que perpetre um nume?
Há pé tão ágil que, num salto, evite a trápola?
Filopensante, Ate, Ruína que alucina,
100 enreda o ser a quem renega saída.

A Moira, um deus a impôs
em eras priscas: persas travariam guerras
eversoras-de-torres, caos de coches bélicos,
o desaprumo de urbes.
Aprendem a descortinar o espaço amplo
110 do mar, recinto consagrado que se embranca
ao túrbido ressopro. Fiam-se em cordas
sutis e nos engenhos que o gentio geria.

E um negrimanto empana a ânima de medo.
Que a megalópole de Susa, sem seus homens,
jamais houvesse de bradar: "Ai, baixa persa!"

120 nem urbe císsia ecoasse em contracanto:
"Ai!" – voz aguda em massa plenifeminina,
cujos farrapos perdem-se do peplo em bisso.

Abelhas num enxame, infantaria e hípicos
foram atrás do cabecilha, cabo a cabo
130 marinho, uniestreitando com o jugo
o continente duplo.

Nostálgicas dos seus, malemolentes medas
banham de pranto o leito, cada qual nostálgica
do filoamante, ausente alanceador em fúria,
a sós, no jugo do abandono.

140 Sentemo-nos agora, persas,
neste solar avoengo;
a gravidade do conselho impõe-se, o grave
pensamento: necessidade preme.
Como há de proceder o basileu,
Xerxes, o filho de Dario?
O arco retenso vence
ou se coroa o afã
da lança cúspideferrosa?

>
> Deslumbra agora um lume,
> um nume (quase), a mãe do basileu,
> a nossa soberana! Prostro-me.
> Faça-se ouvir a louvação geral
> da saudação!

(A rainha surge do palácio, sobre a carruagem. O coro se prostra.)

> Excelsa dama persa curviforme, máter
> de Xerxes veneranda, esposa de Dario:
> Saudações! Cônjuge de um deus e mãe de um deus,
> se um demo ancestre não dizima nosso exército!

RAINHA:
> Por isso abandonei o paço aurilavrado
> e o quarto em que dormia ao lado de Dario.
> O pensamento aflige o coração. O medo
> impede-me calar: que um trança-pé, amigos,
> do excesso de riqueza não transmude em pó
> o brilho que, sem deus, Dario conquistou!
> Inexprimível, duplo afã me ronda o peito:
> chusma não idolatra os bens desprotegidos
> e, sem os bens, a luz não ilumina o ilustre.
> Farta é a fortuna, mas eu temo pela vista,
> pois o patrão presente é o olho da mansão.
> Não por outro motivo, anciãos da Pérsia a mim
> tão caros, sigo a diretriz que sugerirdes.

CORO:
O potencial anseia, dama, nortear
palavra e ato: basta um dito, um só dizer,
para escutares conselheiros concernidos.

RAINHA:
O pesadelo não dá trégua às minhas noites
desde que Xerxes conduziu a tropa meda
com meta de jungir a Jônia. Mas nenhum
eu pude vislumbrar com tanta nitidez
quanto o da noite que passou. Presta atenção:
tive a impressão de ver em vestes impecáveis
duas donzelas: uma vinha em peplos pérsicos,
enquanto a outra envergava trajes dóricos.
O porte e a formosura de ambas superavam
os das mulheres atuais. Irmãs, de idêntica
linhagem, a uma coube residir na Hélade,
a outra foi morar na região dos bárbaros.
À dupla parecia motivar rancor
recíproco. Assim que Xerxes percebeu,
tentou apaziguá-las: junge as duas sob
o coche e o jaez arroja em suas gorjas.
Uma se erige como torre na equipagem,
oferecendo à brida a boca dócil; a outra
recalcitrante, espedaçava a bordadura
da carruagem. Agitada, rompe o morso
e quebra o jugo na metade. Xerxes tomba.

Estático a seu lado, o rei Dario lamenta,
enquanto Xerxes que o escruta rasga a túnica
ao redor de seu corpo. Nada mais teria
a acrescentar sobre as imagens que enxerguei.
Então me levantei para imergir as mãos
na fonte cristalina. Aproximei do altar
a mão do sacrifício para delibar
ao demo benfazejo. Sigo à risca o rito.
Avisto a fuga da águia até o altar de Foibos,
sem voz, pois a fobia do medo me aturdia.
Logo um falcão que irrompe, comprimindo as asas,
destroça com as garras a cabeça da águia
que, inerte, lhe cedia o corpo recolhido.
A cena que descortinei foi tão terrível
como a audição do meu raconto. Se meu filho
sair-se bem na gesta, o louvam como herói,
caso contrário... a pólis não lhe impõe deveres:
sobrevivendo, manterá consigo o cetro.

CORO:
Não cabe ao conselheiro fomentar excesso
de confiança ou medo. Roga aos deuses, dama!
Pede que se reverta o sinal sinistro
que viste, para o próprio bem, o bem do filho,
do amigo e da cidade. Liba! – urge – aos mortos
e à terra. Solicita ao teu consorte visto
em sonho traga à luz a boa sorte do ínfero,

a ti, para teu filho, obnubilando abaixo,
no pez recôndido da terra, o seu contrário.
É o que minha ânimaugural ora aconselha-te.
Prevejo epílogo auspicioso ao que implorares.

RAINHA:
Simpático a meu filho e à minha moradia,
ninguém antes de ti interpretou meus sonhos.
Que o fim nos felicite! Cumprirei os ritos,
sacrificando aos numes como aos seres do ínfero,
tão logo adentre o paço. Folgo em conhecer
em que quadrante afirmam situar-se Atenas.

CORO:
Longe no oeste, onde o magno Sol fenece.

RAINHA:
Meu filho intencionava submeter a pólis?

CORO:
A Grécia toda se sujeitaria ao rei.

RAINHA:
Pletora-de-homens forma a tropa ateniense?

CORO:
Os medas sabem a pujança desse exército.

RAINHA:
E isso é tudo ou guardam ouro nas moradas?

CORO:
Tesouro ctônio, verte prata a nascente.

RAINHA:
A flecha do arco tenso brilha em suas mãos?

CORO:
240   No corpo a corpo empunham lanças e armaduras.

RAINHA:
Que mandatário pastoreia o contingente?

CORO:
Por ninguém são chamados servos ou vassalos.

RAINHA:
Como resistem à investida antagonista?

CORO:
Como destruíram o tropel do teu marido.

RAINHA:
Tua fala angustia a mãe de quem partiu.

(*Entra em cena um homem em vestes persas*)

CORO:
Parece-me que tudo se esclarece em breve,
pois noto, pelo passo, que se apressa um persa.
Só haverá de relatar o bom ou ruim.

MENSAGEIRO:
Conclamo o rol das cidadelas asiáticas!
Conclamo a Pérsia, o vasto porto dos tesouros!
Um golpe foi bastante para aniquilar
fortuna infinda. Sega a floração dos persas!
É horrível ser o anunciador do horror, mas urge
eu desdobrar o sofrimento inteiramente,
pois toda tropa bárbara soçobra agora!

CORO:
Oh! Ai! Que guai! Chorai a sina aziaga
da Ásia,
cientes do revés!

MENSAGEIRO:
Já nada resta do portento que partiu
e não imaginava ver a luz da volta.

CORO:
Longo se revelou, anciãos, o tempo

de nossas vidas
para escutar a pena inesperada.

MENSAGEIRO:
Eu mesmo estive lá, de mais ninguém ouvi
a ruína, persas, que eu teria a relatar.

CORO:
Ai! Vanidade
de numerosos dardos pleniemaranhados
que do solo asiático, ai!,
lançamos contra a hostilidade da Hélade!

MENSAGEIRO:
Em praias salamínias e nas cercanias,
se empilha a cadavérica melancolia.

CORO:
Ai! Referes os membros dos amigos
sem vida, fustigados pelas ondas,
plurimersos, à tona,
inchadas vestes erradias...

MENSAGEIRO:
Os arcos não tiveram serventia: todos
sucumbem ao embate das embarcações.

CORO:
Ulula o grito lúgubre
em luto pelos míseros! Os numes
nos anulam, aos persas!
Um trôpego tropel...

MENSAGEIRO:
Nos abomina ouvir um nome: SALAMINA!
Ai! Quanta dor me traz rememorar Atenas!

CORO:
Atenas, odiosa aos hostis!
Recorda que propiciou às persas,
a um número infinito delas,
a solidão nos leitos!

RAINHA:
Há muito calo deprimida pela ruína.
É tamanho o revés que não conseguiria
me pronunciar ou indagar sobre o ocorrido.
Mas não fugimos às desgraças com que os deuses
nos brindam. Vai! Desdobra agora o rol de horrores
que tens a nos dizer, ainda que os lamentes!
Quem não morreu? Que líderes do contingente
se nos impõem chorar, os porta-cetros cujas
fileiras, com sua morte, restarão acéfalas?

MENSAGEIRO:
O próprio Xerxes sobrevive e avista a luz.

RAINHA:
Tuas palavras são o sol deste solar
e o dia já branqueia do trevor da noite.

MENSAGEIRO:
Abateram Artêmbares na encosta acre
silênia, à frente de dez mil ginetes; Dádaces,
o quiliarca, salta lépido da nau,
sob o arremesso de uma lança que o espreitava;
Ténago, herói tenaz da antiga estirpe bátria,
boia ao redor da circum-rude ilha de Ájax;
Arsame, Argestes e Lilaio, rente à ínsula
nutriz de pombas, marram na falésia áspera,
trinca de perdedores. Portador-da-égide,
vizinho dos mananciais do Nilo egípcio,
Farnuco vinha: de uma mesma nave, caem
Adeues, Feresseu, Arcteu, como ele, náufragos.
Matam Matalo crísio, arconte de miríade:
a barba fulva, basta e escura purpurea
tão logo imerge o corpanzil em sangue rubro.
O árabe Magos, Ártames, o bátrio, líder
de trinta mil equinos fuscos, faleceram,
ádvenas de um terreno duro nas lonjuras;
e Amístis e Anfistreu, empunhador de dardo

multifunesto, Ariomardo, exemplo árdego
que enluta os sardos, Sísames, oriundo mísio,
Tárubis, almirante de cinquenta naus
vezes cinquenta, um lirneu, varão valioso:
jaz aviltado ao desfavor do acaso amargo.
Caudilho dos silícios, prócer pela índole
propícia, solitário, angustiando inúmeros,
Siênesis se foi, mas foi lavrando um nome.
Restrinjo-me a elencar apenas os hegêmones;
dos muitos males de hoje, anunciei os ínfimos.

RAINHA:
Ai! Venho de escutar o acume da agonia,
um som que trinca, mácula que assoma aos súsios!
Mas, retomando a linha do argumento, dize-me:
era tão numerosa a esquadra dos helênicos,
a ponto de medrar o afã de combater
os medas na refrega de uma naumaquia?

MENSAGEIRO:
Fora questão numérica, tenhas certeza
de que os teríamos vencido, pois a esquadra
helênica abarcava só trezentos barcos,
além de uma dezena à retaguarda. Xerxes,
direi precisamente, encabeçava mil,
e isso sem contar as naves mais velozes,
duzentas, mais ou menos. Tal a proporção.

Crês por acaso que lutávamos à zaga?
Um demo quis nos demolir. A seu talante,
destinos desiguais penderam na balança.
A paragem de Palas, poupa-a sempre um nume!

RAINHA:
Induzes-me a pensar que Atenas resta incólume?

MENSAGEIRO:
Povoada de homens, nada abala o baluarte.

RAINHA:
Desejo me inteirar da rixa desde o início.
Meu filho desencadeou o ataque, fiando-se
no potencial numérico da frota? Ou gregos?

MENSAGEIRO:
Alástor, demo hostil, sabe-se de onde foi
que ele surdiu como estopim de um tal acinte.
Um grego da legião ateniense foi
comunicar a Xerxes que, ao ensombrecer
da noite negra, os seus não ficariam mais
naquela região, mas reto sobre o banco
da nau, procuraria cada qual manter-se
vivo na volta ao lar, furtivo. Sem pensar
na hipótese de trampa helênica ou invídia
olímpica, teu filho proclamou a todos

os capitães que no momento em que Hélio-Sol
não mais luzisse terra acima e a treva então
passasse a se imiscuir no sacro espaço do éter,
a esquadra se perfilaria em renque triplo
a fim de bloquear estreitos e saídas,
e as outras naus circundariam a ilha de Ájax,
pois se lograssem escapar da moira acre
por trajetória clandestina, os gregos, todos
eles, seriam destroncados. Com o espírito
hiperconfiante, Xerxes arengava assim,
insciente do porvir tramado por olímpios.
Exímios nautas servem-se do estrobo e fixam
os remos nos toletes, para então cuidarem
do repasto com método e talante. Não
mais rutilava o sol e a noite se alastrava:
senhor do próprio remo, cada marinheiro
embarca, junto com guerreiros aguerridos.
E fila à fila, ao longo do navio, passavam
as ordens, um por um no posto assinalado.
E, noite adentro, os chefes vogam mar adentro
à testa de uma frota a que não falta um barco.
E a noite segue o curso e esquadra grega alguma
dava sinais de preparar, furtiva, a fuga.
Mas quando o dia equinobranco arma terra
acima a cintilância aparvalhante, soa
o que primeiro pareceu um canto grego,
clamor clangorejante que ecoava na ínsula

390   de pedra. Os bárbaros, sem exceção, temeram,
equivocando-se na avaliação, pois gregos
não entoavam o hino de um peá de fuga,
mas incitavam o ânimo à premência bélica.
Uma trombeta inflama todos os quadrantes.
O trom das pás que estrondam no oceano fundo
reverberava a voz que ondula do comando,
quando subitamente a massa surge à frente:
primeiro, enfileirada, a ala destra avança
400   à testa de uma formação acaudilhada;
e se fazia ouvir o ronco do bulício:
"Filhos da Hélade, adiante! Libertai
a pátria, libertai os filhos e as mulheres,
templos dos numes íncolas e os ancestrais
sepulcros! O combate nos concerne, a todos!"
E o rumor indistinto em idioma persa
se discerniu: urgia agir. Subitamente,
a nave crava o bronze do esporão em nave;
foi um navio helênico a principiar
410   o ataque, esmigalhando o ornato de uma proa
fenícia. E um manobra o lenho contra o outro.
E o manancial da esquadra persa resistiu
inicialmente, mas ao se espremer no estreito
uma pletora, a ajuda torna-se impossível:
aríetes bronzibocas entregolpeando-se
espatifavam mutuamente as naus remeiras.
Num círculo metódico, as embarcações

helênicas agridem, revolcando as quilhas,
e o mar ninguém mais avistava, tão repleto
ficara de destroços e de restos de homens.
Praias e encostas ocupadas por cadáveres,
a frota procurava se evadir no caos,
diante do esquadrão descomunal dos bárbaros.
Tal como a atuns ou rede cheia de cardumes,
com remos rotos e o que havia dos escombros,
golpeavam, espancavam. Ais, lamúrias, urros
se difundiam pélago adentro até
que o olho do negror noturno tolhe a cena.
Seriam, dama, insuficientes dez jornadas
para o detalhamento do que padecemos.
Retém contudo a síntese: jamais um dia
presenciou montante similar de baixas.

RAINHA:
O megapélago de horrores se encapela
e oprime o povo persa e atinge a estirpe bárbara.

MENSAGEIRO:
Não relatei nem a metade das agruras.
Se lhes abate tal sequência de tormentos,
de modo a redobrar o peso da balança.

RAINHA:
Algo pior nos poderia suceder?

Que outra catástrofe abateu sobre o exército,
a ponto de pender o prato da balança!

MENSAGEIRO:
Quantos dos nossos, na pujança do vigor,
insignes pela genealogia ancestre,
próceres pela retidão devota ao chefe,
de moira, a mais inglória, morrem na vergonha!

RAINHA:
Tamanha desventura, amigos, me acabrunha!
Mas que moira insinuas lhes ceifou a vida?

MENSAGEIRO:
Frente às paragens salamínias há uma ilha
esquiva à quilha. Pã, o filodançarino,
jamais arreda o pé de sua fímbria. Xerxes
envia ali os sócios para eliminarem
os náufragos refugiados na região –
um contingente vulnerável o ateniense.
Resgatariam amigos do viés salino.
Erro de previsão, pois mal um nume outorga
glória aos helênicos na liça, vestem, rápidos,
as armaduras belibrônzeas, cada qual
abandonando sua galé. Circundam a ilha,
vetando o acesso aos companheiros de uma rota
de escape. Arremessavam pedras e mais pedras,

460 e as flechas dos cordames do arco impulsionadas
feriam fatalmente os militares persas.
E o ataque irrompe em bloco. Os golpes mutilavam
os corpos sem fortuna, até não mais haver
sinal de vida num só ser. Pranteia Xerxes
ao remirar o abismo da ruína. Diáfana
era a visão da tropa de seu trono, acima
de um promontório cuja escarpa abria ao mar.
Lacera o peplo e ulula a nênia aguda. Ordena
à infantaria a retirada incontinente,
470 precípite no caos da fuga. Soma aos prévios
este revés, merecedor de teus lamentos!

RAINHA:
Que logro, demo estígio! Malograste a mente
persa! Vindita amarga Xerxes granjeou
da ilustre Atenas, sem bastar o rol de bárbaros
já massacrado na maranha em Maratona!
Meu filho, crédulo de ser um ultra ultor,
carreou pletora gigantesca de infortúnios.
E quanto às naus poupadas do amargor da moira,
onde as deixaste, em que quadrante estão? Indica-me!

MENSAGEIRO:
480 Os comandantes das embarcações supérstites
navegam ao sabor do vento em plena fuga;
já o que restara do tropel minguava em solo

beócio, boquissecos anelando o brilho
de uma fontana. O estresse vitimava o resto.
Enveredamo-nos pelo interior da Fócia
até a Dórida e o golfo Maliaco,
onde o Espérquio benfazejo irriga o plaino.
Dali nós fomos dar com pradaria acaia
e cidadelas receptivas dos tessálios,
carentes de comer. De dupla causa morrem
inúmeros, desidratados e famélicos.
Chegamos finalmente à Macedônia, após
cruzar Magnésia. Para trás deixamos o Áxio,
os juncos do paul de Bolbe e a cordilheira
Pangeu e a Edônia à noite, quando um deus suscita
um vento lampo frio, capaz de regelar,
até o extremo, o Estrimo consagrado. O incrédulo
contumaz recorreu à litania, arcado
sobre o chão, venerando a terra e o céu urânico.
Concluindo a plurinvocação divina, o exército
atravessou o córrego cristalofrígido.
E quem logrou cruzá-lo antes que os raios divos
se difundissem, conquistou a sobrevida,
que o círculo flamante aquece com seus rútilos
o meio da geleira em plena travessia:
uns tombam sobre os outros... e feliz de quem
num zás de si desgarra o sopro da existência.
Os poucos agraciados com a salvação
penando se arrastaram pela Trácia atra,

510   até chegarem prófugos e poucos junto
ao solo natalício. Muito há de chorar
a Pérsia a perda péssima de jovens ótimos.
Disse a verdade, embora uma parcela apenas
do revés que um eterno apressa, avesso aos persas.

(*Sai de cena o mensageiro*)

CORO:
Ó demo desapiedado, pesa o pé
com que levaste à perda toda estirpe pérsica!

RAINHA:
Tristeza! Aturde-me a dizimação do exército!
Diáfana visão onírico-noturna,
com que luzeiro expões a mim cruel catástrofe!
520   Tem algo de superficial na avaliação
que propusestes, mas acolho o veredito,
orando aos deuses súperos inicialmente,
para então ofertar os dons à terra, aos mortos,
que preservei no alcácer. Tenho consciência
de que procedo precedendo-me a ocorrência.
Se o faço, é para garantir porvir mais próvido.
E é incumbência vossa, à conclusão dos fatos,
carrear fiéis fiéis conselhos. E a meu filho,
no caso de chegar antes de mim, deveis

530 reconfortá-lo e conduzi-lo paço adentro,
evitando que some aos males outros males.

(*A rainha retorna ao paço*)

CORO:
Zeus Basileu! Os persas
(plurinúmero e megaltivo
o seu tropel), destruíste-os,
o burgo de Ecbatana e Susa
obnubilando no negror da dor.
E frágeis mãos, inúmeras,
rasgam véus,
moças banham de pranto o colo úmido,
540 na partilha da angústia.
Lacrissensíveis persas
sonham remirar
consortes do recém-conúbio,
leitos vacantes
em colchas macias,
o regozijo de Hebe, rijo florir!
Aflige-as o lamento mais insaciável.
Também me entrego ao canto
pela multipenosa moira dos ausentes.

Chora agora o vácuo
que se tornou a Ásia vasta!

550 Xerxes a encabeçava, ai!
Xerxes a vexa, ai!
Xerxes não a enxergou
a bordo de barcos transmarinos.
Por que Dario estava então à margem,
arquiarqueiro em prol dos cidadãos,
o líder lídimo de Susa?

Conduziam
a taifa, a infantaria,
560 navios olhicerúleos, lineoalados, ai!
Navios aniquilaram-nas, ai!
Navios com esporões plurinefastos
e o punho jônio.
E o rei a duras penas – consta –
logrou a retirada por sendeiros
da várzea invernal da Trácia.

E a quem a protomoiramorte
ai!
impõe-se incontornável
oh!
570 nas circumpraias cícreas
ah!
encharca. Chora! Escorcha! Urra a agrura urânica!
ah!
Ululo que se alastra: vozerio tão lúgubre!

O mar os carda, horrível,
ai!
Cardumes mudos
oh!
do Incorrompível os devoram,
ah!
580   O lar enluta sem o líder, pais sem filhos,
dolor que um demo dá
ah!
a ansiosos anciãos ouvindo o pleno pesar.

Os súditos asiáticos
recusam seguir ditames persas,
recusam pagar tributos
que os déspotas impõem,
recusam venerá-los genuflexos:
590   o brio imperial aborta.

A gente
não mais refreia a verve,
sem peia, fala aberta,
pois cede o jugo do vigor.
A ilha de Ájax circum-úmida
retém o rubro em suas jardas:
pretérito da Pérsia.

(*Do palácio, a rainha retorna a pé*)

RAINHA:
Um ente calejado em amargura sabe
que ao rebentar o maremoto do infortúnio,
obseda-o temer o que há no mundo. Mas,
se o demo é benfazejo, crê que o mesmo sempre
há de soprar favônia sina em prol de si.
O medo a tudo abarca, pois adversidades
dos súperos afloram para mim; não é
peã esse estampido aos meus ouvidos, mas
o golpe dos horrores que amedronta o íntimo.
Não por outro motivo, cumpro meu sendeiro
do paço sem caleche e fasto rotineiro,
com libações propiciatórias para o pai
de Xerxes, que soem ser do agrado dos cadáveres:
o leite lívido da vaca imaculada,
licor das floriobreiras, mel pleniluzente,
numa mistura de água da fontana lúcida,
tisana pura do maná da agreste máter,
luz que deslumbra da remota vinha, a fruta
olente da oliveira loura, em cujas folhas
a vida sempre espouca. Nela a flor se engasta,
o rebento antológico da terra fértil.
Amigos, ressoai os hinos favoráveis
às oferendas do ínfero, e evocai Dario,
o demo do consorte, enquanto verto a oferta
terrissorvível para os numes do infralume!

CORO:
Venerável rainha das paragens pérsicas,
remete as libações aos tálamos subtérreos,
que em hinos pediremos
aos condutores terra abaixo dos cadáveres
nos sejam favoráveis.
Demônios ctônios da pureza,
Hermes e Terra e o Basileu dos ínferos,
630 trazei à luz a psique dos baixios,
pois se conhece a cura das agruras,
nenhum outro mortal dirá como as supere.

Será que o rei, divino-símile, escuta
palavras bárbaras tão claras
pancambiantes no disfórico lamento?
Plurissofrido, alardeio
o desespero?
A mim me ouve no ínfero?

640 Ó Terra e hegêmones ctônios,
deixai que o demo plenimagno
se ausente da morada, estirpe susa!
Guiai-o acima;
alguém igual
jamais velou o solo persa.

Caro o herói de quem me é caro o túmulo,
caro o modo de ser de quem jazeu!
Aidoneu, Aidoneu, sobreguia, sobrenvia
Dario, suserano súpero!
Ai!

Sempre evitou a morte aos sócios
em desavenças bélico-fatais!
Divomentor, mentordivino, assim os persas
nomeavam o mantenedor da infantaria!
Ai!

Ajuda, xá, ancestre xá, não jazas! Já!
Sobe ao topo do tampo da tumba,
soergue o açafrão de tuas sandálias!
A tiara régia esplenda na cimeira!
Vem, páter-magno, vem Dario!
Oh!

A fim de ouvir
ais! ademais fatais e sem iguais!
Desponta, Basileu dos basileus!
Circum(estígia)voa a caligem:
a mocidade sub(toda)sucumbe.
Vem páter-magno, vem Dario!
Oh!

Ai! Ai!
Amigos multiprantearam tua morte.
Por que, senhor, senhor,
a dupla hamartia, o duplo error?
Trirremes, todas, náufragas...
680 Naves, desnaves, desnavios!

(*A sombra de Dario aparece do túmulo*)

SOMBRA DE DARIO:
Fiéis, hiperfiéis coetâneos de eras belas,
de que pena, anciãos da Pérsia, a pólis pena?
Pranteia, dilacera, o solo soa assombro.
Será que descortino Atossa à beira-cova?
Pressentimento de paúra... Liba! Sorvo.
Plangeis um treno perfilados junto ao túmulo,
bradando nênia ânimevocante. Aturde-me
o chamamento. É raro o êxito do êxodo
dos ínferos, pois divindades subterráqueas
690 são mais propensas a reter do que a ceder.
Não obstante, transpus o obstáculo divino.
Que eu não me torne reprochável por retardo!
Mas qual pesar agora medra entre os medas?

CORO:
Pudor me tolhe a vista,

pudor me cala a voz,
bloqueia-me a veneração de outrora.

DARIO:
Ao que interessa! Teu prantear me trouxe do ínfero.
Evita ser prolixo e sintetiza tudo
o que ocorreu. Olvida o pudor que inspiro!

CORO:
Hesito em concordar,
hesito em pôr a par
amigos do que é tão difícil.

DARIO:
Se o medo antigo inibe a mente dos amigos,
peço que a nobre dama, companheira ao leito,
cesse o caudal de lágrimas e fale claro!
Ao homem não surpreende o sofrimento humano,
que do mar multiplica-se e da terra, idem,
se a vida se delonga demasiadamente.

RAINHA:
A sina de opulência a mais ninguém proveu
de regozijo igual, enquanto viste o sol.
O teu sorriso suscitava invídia no íncola.
Te invejo agora: morto, não vislumbras ruína.

Não é mister me desdobrar em vãs parlendas,
pois, superada, a Pérsia perde o império prévio!

DARIO:
O que ocorreu? A peste acossa ou foi revolta?

RAINHA:
O exército caiu no cinturão de Atenas.

DARIO:
Que filho meu o conduziu à cidadela?

RAINHA:
Ninguém cerceia Xerxes: fez do vasto um vácuo.

DARIO:
Esse infeliz se aventurou por mar ou terra?

RAINHA:
Por ambos: duas frentes para tropa dupla.

DARIO:
Mas como a armada mor atravessou o mar?

RAINHA:
Por sobre o maquinário que jungiu o estreito.

DARIO:
Concluiu o feito de lacrar o grande Bósforo?

RAINHA:
Sim. Não terá um demo agido em sua mente?

DARIO:
Um demonumental para tamanho erro.

RAINHA:
Pode-se ver a ruína que ele consumou.

DARIO:
Por que chorais assim pelos demais? O que houve?

RAINHA:
A queda ao mar da armada arruína a infantaria.

DARIO:
Mas o tropel sucumbe totalmente à lança?

RAINHA:
Por isso os súsios choram o vazio de homens.

DARIO:
Ai! Sustentáculo da tropa diligente!

RAINHA:
Bátrios se abatem, como anciãos eles se vão.

DARIO:
Nosso infeliz ceifou a mocidade aliada!

RAINHA:
Dizem que Xerxes só, ao léu, com parcos peões...

DARIO:
Onde? Qual foi seu fim? Ou se manteve vivo?

RAINHA:
Alcança a trela de uma ponte que une as terras.

DARIO:
Chegou com vida à nossa encosta? Está seguro?

RAINHA:
Sim, não há dúvida a respeito da questão.

DARIO:
O augúrio precipita-se na ação. Zeus lança
contra meu filho o desenlace de um oráculo
que eu presumira consumar-se na velhice.
Mas quando alguém se empenha, um nume o auxilia.
Amigos se deparam com o manancial

de agruras. Xerxes, seu afã jovial, ativa-o
sem o saber, supondo controlar o fluxo
do Helesponto, qual servo com grilhões, o Bósforo:
remodelou o estreito e, martelando peias,
forjou sendeiro enorme ao contingente enorme.
Mortal, o tolo presumiu-se impor-se a olímpios
e ao deus do mar. A maladia cega a mente!
Temo que o muito que amiúde amealhei
seja surrupiado pelo esperto à espreita.

RAINHA:
Foi a lição que nosso filho intempestivo
aprendeu convivendo com uns tipos pífios.
Diziam que acumularas ouro para os seus
no *front* e que ele, um frouxo, só brincava, lança
à mão, dilapidando a herança. A humilhação
dessa gentalha o fez tramar a senda à Grécia.

DARIO:
Não nego a magnitude da façanha a ser
rememorada sempre, inédita na urbe
de Susa que se esvaziou, desde o Cronida
ter outorgado a um homem só o privilégio
de ser o único regente em toda a Ásia
nutriz-de-ovelhas, portador do cetro ilustre.
Primeiro um meda liderou a massa humana;
um filho seu o secundou nessa proeza;

em tércio, um sucessor de tino: Ciro. Soma
amigos ao consolidar a paz, mantendo
o coração no leme da razão. A gente
frígia e lídia o conduziu até o solar,
a Jônia toda sujeitou-se ao seu vigor
e acima os numes admiraram seu discrímen.
Dele descende o quarto a encabeçar a tropa.
O quinto, Mardo, maculou o trono avoengo
e a própria pátria. Mas Artáfrene, fidalgo,
o massacrou em trápola no lar, Artáfrene
e os sócios que aceitaram esse encargo, eu
entre os demais. Logrei a dúnia tão sonhada.
Guiei muitas legiões em muitas incursões,
sem nunca infligir agrura à minha urbe.
Xerxes, meu filho, é jovem, e não pensa bem
a mocidade: deslembrou minhas lições.
Ouvi bem isto, caros veteranos: nunca,
de nós que encabeçamos no passado o império,
afirmarão que fomentamos ruína símile.

CORO:
O que advirá, Dario? O que tua fala encerra
ao se mover ao fim? Depois do que ocorreu,
como agirá melhor quem hoje habita a Pérsia?

DARIO:
Evitai guerrear em território helênico,

ainda que maior o potencial belígero,
pois nos assola o solo dessa região.

CORO:
Não entendi. O solo luta ao lado deles?

DARIO:
Dizima com a fome o contingente ingente.

CORO:
E se uma legião especial agisse?

DARIO:
Se nem o exército que ainda está na Grécia
terá sucesso em seu retorno até a Pérsia?

CORO:
Será que ouvi direito? Só uma parcela
dos persas cruza o estreito de Hele desde a Europa?

DARIO:
A crer no vaticínio divo, poucos, muito
poucos, a crer, repito, nos que se cumpriram.
Oráculos não são perfeitos pelo meio.
Se eu estiver correto, Xerxes perde muitos
peões, fiado no exagero de ambições.
Estão onde o Asopo irriga a pradaria

em suas estrias, fonte da riqueza beócia,
local em que o pináculo do horror espera-os,
pela soberba da húbris, por seu plano ateu,
pois, sem pudor, pilharam na invasão à Grécia
810 estátuas dos eternos, incendiando templos,
altares devastando e edifícios sacros
sem sustentáculo, ao léu, desmoronando.
Serão punidos pela ação equivocada
e mais hão de sofrer, pois não é calculável
o que limita a dor: quimera os exaspera.
A libação sanguijorrante enrubrará
a terra de Plateia sob a lança dórica.
Silentes pilhas cadavéricas indicam
aos olhos pósteros que o ser humano não
820 deve nutrir de pretensão o pensamento:
a espiga da ruína frutifica se
aflora a desmedida, e a messe é o lamento.
Atentos aos castigos, recordai Atenas
e a Grécia, sem menosprezar o que o demônio
agora propicia: o júbilo dissipa-se
quando se busca o que constrange a voz do íntimo.
Zeus sobrexiste e acoima pensamentos hiper-
descomedidos, é endireitador duríssimo.
Admoestai com sensatez quem deve re-
830 cobrar a lucidez ao não injuriar
os deuses no ímpeto da presunção. Rainha,
anciã tão cara, traze do palácio a veste

mais recamada e vai buscar teu filho Xerxes,
pois da indumentária cintilante de antes
restaram só farpelas a cingir-lhe o corpo
com sofrimento que o dizima. Vai! Consola-o
usando o tom do reconforto, que a ninguém,
além de ti, está em condições de ouvir.
Retornarei ao breu abaixo. Prezadíssimos
senhores, me despeço! Concedei à ânima
o dia a dia do prazer, mesmo em agruras,
pois ao defunto é vão acumular pecúnia.

(*A sombra de Dario desaparece de vista*)

CORO:
Faz-me sofrer demais saber das muitas penas
que nos impingem e hão de impingir os bárbaros.

RAINHA:
Prolífera de males, demo, é a adversidade,
mas um revés remorde-me sobremaneira:
saber que a sordidez do pano roto é tudo
o que meu filho leva em torno ao corpo. Adentro
as dependências do solar e, com as roupas,
me empenharei em encontrar seu paradeiro:
não se abandona um ente caro na desgraça.

(*A rainha dirige-se ao paço*)

CORO:
Ai! Esplendor e plenitude conhecêramos
da vida
quando o monarca omnipoderoso, antibelaz,
antileviano, símile divino,
regia este país: Dario.

Ao mundo despontava o exército de fama,
e as normas eram pétreas que norteavam todos,
860   e o torna-lar não deprimia da refrega
sem baixas: bela a gesta.

Urbes, não poucas, conquistou aquém rio Hális,
rente aos penates,
Aquelóides inclusive, bem no golfo Estrimônio,
870   confinando o bivaque trácio.

Na lonjura lacustre, o burgo
no centro das muralhas
obedecia ao rei,
e os orgulhosos de cingir o Hele,
canal aberto, e o golfo Propontide
e a foz do Ponto

880   e as ilhas na extensão do promontório oceânico,
onde ôndulas ecoam
em nossas plagas:

Lesbos, Samos nutriz-de-olivas, Quios,
Míconos, Naxos, Paros, Andros,
colada a Tenos.

E encabeçava as circum-oceânicas
no intermédio das encostas,
890   Lemnos e o sólio de Ícaro,
Rodes e Cnidos, Chipre e Pafos, Solos
e a materpólis do planger de agora:
Salamina.

E teve lucidez ao governar
900   multipovoações prósperas
na Jônia, herança grega,
e o assistia o brio de hoplitas
e de aliados pan-miscigenados.
Não é dúbio o agora: o deus nos dá
as costas na querela! Ilimitadamente
ao mar, reféns de golpes.

(*Xerxes entra em cena, maltrapilho*)

XERXES:
Ai!
Desgraça! Moira estígia
910   se assenhoreou de mim, a mais imprevisível!
Ânima sanguinária, um demo repisou

na raça persa.
O que hei de padecer, ente infeliz?
Os joelhos esmorecem
ao remirar a velha guarda da cidade.
Pudera, Zeus, a sub(moira)morte
ter me velado,
a mim também, ao lado de confrades!

CORO:
Lamento, rei, o exército notável
e a glória do ideário persa,
920 e o cosmo heróico,
que um demo ceifa agora.
A terra chora a mocidade
que Xerxes vexa,
o provedor de persas no Hades.
Inúmeros nasciam no país,
dardivorazes,
compacto contingente dizimado.
Tanto valor havia em seu vigor!
Declina, basileu, declina a Ásia,
930 t-e-r-r-i-v-e-l-m-e-n-t-e ajoelha-se...

XERXES:
Eis-me, um ser merecedor de pranto!
Mísero, trouxe ruína
à estirpe ancestre!

CORO:
O lúgubre ulular saúda
o teu retorno,
ai! lúgubretonal de um treno
de Mariandino, plenilácrimo.

XERXES:
Urrai o som destom plurichoroso,
pois foi o dâimon, sim, o demo
que, avesso a mim, me revirou.

CORO:
Já não retenho o pluripranto,
honro o pesar persifatal, pélago-abatido,
um pranto em prol da pólis pátria:
vão é o clangor multicarpido em teus lamentos!

XERXES:
Com jônios era,
com jônios, naviprovido,
Ares heteroalgoz.
Ceifa o noturno plaino oceânico
e o lido demonimaldito...

CORO:
Ai! Grita ai! E inteira-me de tudo!
Onde se encontra a massa dos demais amigos?

E onde estão os teus segundos?
Falo de Farandaques, Susa e Pelágon,
960 Dótamas, Agdabatas, Psámis
e, oriundo de Acbatana, Susiscanes?

XERXES:
Deixei-os falecidos.
Lançados da galé de Tiro
à rocha, boiam os cadáveres
nas cercanias salamínias.

CORO:
Ai! E onde está Farnuco
e o bravo Ariomardo?
Onde restou o príncipe Sevalces,
970 Lilaio, ancestres nobres,
Mênfis, Taríbis e Masistras,
Artêmbares e Histaicmas?
É o que eu inquiro!

XERXES:
Mal veem Atenas odiosa e antiga,
todos palpitam, sob as pás que o abatem,
míseros,
lido acima.

CORO:
E o floco persa,
teu olho todo fiável
no cálculo de miria-de-miríades,
filho dileto de Batánoco,
prole de Sésame, prole de Megabates,
e Parto e Oibares magno
e todos, todos que deixaste? Tristes!
Ao mal o mal se soma à gente ilustre.

XERXES:
Estrídulo de encanto...
Tua voz me traz jazentes sem jaça:
álasta, *álasta*, cruéis palavras tétricas...
Troa, retroa o coração no peito em mim.

CORO:
Um outro, a nós, nos faz sofrer:
Xantes, o guia de miríades de márdis,
e Ancares, ás dosÁrios,
Arsames e Diaixis, líderes ginetes,
Dádaces e Litimnes
e Tolmo, dardo de ardor.
Lacera, dilacera-me que não mais rodeiem
as tendas com as rodas,
tampouco sigam o séquito.

XERXES:
Partiram os cabeças do exército.

CORO:
Sucumbem, nomes por fazer.

XERXES:
Ai!

CORO:
Ai! Ai! Não esperava o mal
que manda o demo: luz
tal qual mirada de Ate, ruína que fulmina.

XERXES:
Golpeados pelo azar em nossa vida.

CORO:
Golpeados, sim, isso é bem nítido!

XERXES:
1010 Renova-se de novo... dor dorida.

CORO:
Cruzar com naves jônias,
nosso infortúnio.
Não é boa de guerra a gente persa.

XERXES:
É duro ouvir o fim do contingente ingente!

CORO:
E o que não ruiu? Não nos faltava poderio.

XERXES:
Vês o estado das vestes?

CORO:
Vejo o que não veria.

XERXES:
1020 E minha aljava...

CORO:
O que restou? É tudo?

XERXES:
Tesouro para as flechas.

CORO:
Pouco de muito.

XERXES:
Faltou-nos retaguarda.

CORO:
Não há fujônios na refrega.

XERXES:
São excelentes! Vi o revés inesperado.

CORO:
Aludes ao eclipse da esquadra?

XERXES:
1030 Frente ao desastre, esfarrapei a túnica.

CORO:
Ai!

XERXES:
Um ai! não é bastante...

CORO:
Duplo, direi melhor: o multiplico!

XERXES:
Padecimento regozija o inimigo.

CORO:
Nosso poder é pó.

XERXES:

Nu, sem a pompa dos sequazes.

CORO:

Pelo revés marinho dos amigos.

XERXES:

Pranteia a pena, a pena! E torna ao paço!

CORO:

1040   Meu ai! redobro: ai! em dobro!

XERXES:

Sim, urra! A mim replica!

CORO:

Do amargo para o amargo o dom amargo.

XERXES:

Ulula o som! Ecoa o meu!

CORO:

Oh!
Fadiga o infortúnio!
Não é menor o que em mim dói.

XERXES:
Chora por mim! E bate a pá do braço!

CORO:
Pranteia um ente lamentável.

XERXES:
Ulula o som! Ecoa o meu!

CORO:
De nada mais me ocupo, rei!

XERXES:
1050 Amplia o teu lamento!

CORO:
Ai!
Negreja a dor do golpe
somada ao pranto.

XERXES:
Sim, grita ao modo músio e agride o íntimo.

CORO:
Dores! Doridas dores!

XERXES:
Por mim arranca o fio do mento branco!

CORO:
Tenaz... tenaz... sofrivelmente... assaz...

XERXES:
Ulula o grito agudo!

CORO:
Pois não me furto: urro-o!

XERXES:
1060   Entrega força às mãos e despe o peplo!

CORO:
Angústia! Agonia!

XERXES:
Agarra a cabeleira e chora o exército!

CORO:
Tenaz... tenaz... sofrivelmente... assaz...

XERXES:
Inunda a vista!

CORO:
Pranteio já...

XERXES:
Ulula o som! Ecoa o meu!

CORO:
Ai!

XERXES:
Verbera o ai! e torna ao lar!

CORO:
Oh, solo persa, ai! Impenetrável!

XERXES:
Ai! Cidadela adentro!

CORO:
Não mais que ais! plurais ademais!

XERXES:
Lamentai passilânguidos...

CORO:
Oh, solo persa, ai! Impenetrável!

XERXES:
Pela trirreme, sim,
por almadia desalmada o fim...

CORO:
A lástima do pranto faz a tua escolta.

(*Xerxes e o coro dirigem-se ao palácio*)

ΠΕΡΣΑΙ

ΤΑ ΤΟΥ ΔΡΑΜΑΤΟΣ ΠΡΟΣΩΠΑ

ΧΟΡΟΣ ΓΕΡΟΝΤΩΝ ΠΕΡΣΩΝ
ΒΑΣΙΛΕΙΑ, *μήτηρ* Ξέρξου
ΑΓΓΕΛΟΣ
ΕΙΔΩΛΟΝ ΔΑΡΕΙΟΥ
ΞΕΡΞΗΣ

ΧΟΡΟΣ

Τάδε μὲν Περσῶν τῶν οἰχομένων
Ἑλλάδ' ἐς αἶαν πιστὰ καλεῖται,
καὶ τῶν ἀφνεῶν καὶ πολυχρύσων
ἑδράνων φύλακες,
5   κατὰ πρεσβείαν οὓς αὐτὸς ἄναξ
Ξέρξης βασιλεὺς Δαρειογενὴς
εἵλετο χώρας ἐφορεύειν·
ἀμφὶ δὲ νόστῳ τῷ βασιλείῳ
καὶ πολυάνδρου στρατιᾶς ἤδη
10 κακόμαντις ἄγαν ὀρσολοπεῖται
θυμὸς ἔσωθεν·
πᾶσα γὰρ ἰσχὺς Ἀσιατογενὴς
οἴχωκε, νέον δ' ἄνδρα βαΰζει
<   >,
κοὔτε τις ἄγγελος οὔτε τις ἱππεὺς
15 ἄστυ τὸ Περσῶν ἀφικνεῖται·
οἵτε τὸ Σούσων ἠδ' Ἀγβατάνων
καὶ τὸ παλαιὸν Κίσσιον ἕρκος
προλιπόντες ἔβαν, οἱ μὲν ἐφ' ἵππων,
οἱ δ' ἐπὶ ναῶν, πεζοί τε βάδην
20 πολέμου στῖφος παρέχοντες·
οἷος Ἀμίστρης ἠδ' Ἀρταφρένης
καὶ Μεγαβάτης ἠδ' Ἀστάσπης,
ταγοὶ Περσῶν,
βασιλῆς βασιλέως ὕποχοι μεγάλου,
25 σοῦνται, στρατιᾶς πολλῆς ἔφοροι,

τοξοδάμαντές τ' ἠδ' ἱπποβάται,
φοβεροὶ μὲν ἰδεῖν, δεινοὶ δὲ μάχην
ψυχῆς εὐτλήμονι δόξῃ·
Ἀρτεμβάρης θ' ἱππιοχάρμης
30 καὶ Μασίστρης, ὅ τε τοξοδάμας
ἐσθλὸς Ἰμαῖος, Φαρανδάκης θ'
ἵππων τ' ἐλατὴρ Σοσθάνης·
ἄλλους δ' ὁ μέγας καὶ πολυθρέμμων
Νεῖλος ἔπεμψεν· Σουσισκάνης,
35 Πηγασταγὼν Αἰγυπτογενής,
ὅ τε τῆς ἱερᾶς Μέμφιδος ἄρχων
μέγας Ἀρσάμης, τάς τ' ὠγυγίους
Θήβας ἐφέπων Ἀριόμαρδος,
καὶ ἑλειοβάται ναῶν ἐρέται
40 δεινοὶ πλῆθός τ' ἀνάριθμοι·
ἁβροδιαίτων δ' ἕπεται Λυδῶν
ὄχλος, οἵτ' ἐπίπαν ἠπειρογενὲς
κατέχουσιν ἔθνος, τοὺς Μιτραγάθης
Ἀρκτεύς τ' ἀγαθός, βασιλῆς δίοποι,
45 χαἰ πολύχρυσοι Σάρδεις ἐπόχους
πολλοῖς ἅρμασιν ἐξορμῶσιν,
δίρρυμά τε καὶ τρίρρυμα τέλη,
φοβερὰν ὄψιν προσιδέσθαι·
στεῦνται δ' ἱεροῦ Τμώλου πελάται
50 ζυγὸν ἀμφιβαλεῖν δούλιον Ἑλλάδι,
Μάρδων, Θάρυβις, λόγχης ἄκμονες,
καὶ ἀκοντισταὶ Μυσοί· Βαβυλὼν δ'

ἡ πολύχρυσος πάμμικτον ὄχλον
πέμπει σύρδην, ναῶν τ' ἐπόχους
55 καὶ τοξουλκῷ λήματι πιστούς·
τὸ μαχαιροφόρον τ' ἔθνος ἐκ πάσης
Ἀσίας ἕπεται
δειναῖς βασιλέως ὑπὸ πομπαῖς.
τοιόνδ' ἄνθος Περσίδος αἴας
60 οἴχεται ἀνδρῶν,
οὓς πέρι πᾶσα χθὼν Ἀσιῆτις
θρέψασα πόθῳ στένεται μαλερῷ,
τοκέες τ' ἄλοχοί θ' ἡμερολεγδὸν
τείνοντα χρόνον τρομέονται.

στρ. α   πεπέρακεν μὲν ὁ περσέπτολις ἤδη
66 βασίλειος στρατὸς εἰς ἀντίπορον γείτονα χώραν,
λινοδέσμῳ σχεδίᾳ πορθμὸν ἀμείψας
70 Ἀθαμαντίδος Ἕλλας,
πολύγομφον ὅδισμα ζυγὸν ἀμφιβαλὼν αὐχένι πόντου.
ἀντ. α   πολυάνδρου δ' Ἀσίας θούριος ἄρχων
75 ἐπὶ πᾶσαν χθόνα ποιμανόριον θεῖον ἐλαύνει
διχόθεν, πεζονόμοις ἔκ τε θαλάσσας
ὀχυροῖσι πεποιθὼς
80 στυφελοῖς ἐφέταις, χρυσογόνου γενεᾶς ἰσόθεος φώς.

στρ. β   κυάνεον δ' ὄμμασι λεύσσων
φονίου δέργμα δράκοντος,
πολύχειρ καὶ πολυναύτας,

Σύριόν θ' ἅρμα διώκων,
85 ἐπάγει δουρικλυτοῖς ἀν-
δράσι τοξόδαμνον Ἄρη·

ἀντ. β δόκιμος δ' οὔτις ὑποστὰς
μεγάλῳ ῥεύματι φωτῶν
ὀχυροῖς ἕρκεσιν εἴργειν
90 ἄμαχον κῦμα θαλάσσας.
ἀπρόσοιστος γὰρ ὁ Περσᾶν
92 στρατὸς ἀλκίφρων τε λαός.

102 θεόθεν γὰρ κατὰ Μοῖρ' ἐκράτησεν
στρ. γ τὸ παλαιόν, ἐπέσκηψε δὲ Πέρσαις
105 πολέμους πυργοδαΐκτους
διέπειν ἱπποχάρμας
τε κλόνους πόλεών τ' ἀναστάσεις·

ἀντ. γ ἔμαθον δ' εὐρυπόροιο θαλάσσας
110 πολιαινομένας †πνεύματι λάβρῳ
ἐσορᾶν† πόντιον ἄλσος,
πίσυνοι λεπτοδόμοις πείσ-
113 μασι λαοπόροις τε μαχαναῖς.

ἐπῳδ. δολόμητιν δ' ἀπάταν θεοῦ
τίς ἀνὴρ θνατὸς ἀλύξει;
95 τίς ὁ κραιπνῷ ποδὶ πηδή-
ματος εὐπετέος ἀνάσσων;

φιλόφρων γὰρ ποτισαίνουσα τὸ πρῶτον παράγει
βροτὸν εἰς ἀρκύστατ' Ἄτα,
100 τόθεν οὐκ ἔστιν ὑπὲκ θνατὸν ἀλύξαντα φυγεῖν.

στρ. δ   ταῦτά μοι μελαγχίτων
115   φρὴν ἀμύσσεται φόβῳ,
         "ὀᾶ Περσικοῦ στρατεύματος",
         τοῦδε μὴ πόλις πύθη-
         ται, "κένανδρον μέγ' ἄστυ Σουσίδος"·

ἀντ. δ   καὶ τὸ Κισσίων πόλισμ'
121   ἀντίδουπον ᾄσεται,
         "ὀᾶ", τοῦτ' ἔπος γυναικοπλη-
         θὴς ὅμιλος ἀπύων,
125   βυσσίνοις δ' ἐν πέπλοις πέσῃ λακίς.

στρ. ε   πᾶς γὰρ ἱππηλάτας
         καὶ πεδοστιβὴς λεὼς
         σμῆνος ὣς ἐκλέλοιπεν μελισσᾶν σὺν ὀρχάμῳ στρατοῦ,
130   τὸν ἀμφίζευκτον ἐξαμείψας ἀμφοτέρας ἅλιον
         πρῶνα κοινὸν αἴας.

ἀντ. ε   λέκτρα δ' ἀνδρῶν πόθῳ
         πίμπλαται δακρύμασιν·
135   Περσίδες δ' ἁβροπενθεῖς ἑκάστα πόθῳ φιλάνορι
         τὸν αἰχμάεντα θοῦρον εὐνατῆρ' ἀποπεμψαμένα
         λείπεται μονόζυξ.

140 ἀλλ' ἄγε, Πέρσαι, τόδ' ἐνεζόμενοι
στέγος ἀρχαῖον
φροντίδα κεδνὴν καὶ βαθύβουλον
θώμεθα· χρεία δὲ προσήκει.
πῶς ἄρα πράσσει Ξέρξης βασιλεύς
145 Δαρειογενής;
147 πότερον τόξου ῥῦμα τὸ νικῶν,
ἢ δορυκράνου
λόγχης ἰσχὺς κεκράτηκεν;
150 ἀλλ' ἥδε θεῶν ἴσον ὀφθαλμοῖς
φάος ὁρμᾶται μήτηρ βασιλέως,
βασίλεια δ' ἐμή· προσπίτνω·
καὶ προσφθόγγοις δὲ χρεὼν αὐτὴν
πάντας μύθοισι προσαυδᾶν.

155 ὦ βαθυζώνων ἄνασσα Περσίδων ὑπερτάτη,
μῆτερ ἡ Ξέρξου γεραιά, χαῖρε, Δαρείου γύναι·
θεοῦ μὲν εὐνάτειρα Περσῶν, θεοῦ δὲ καὶ μήτηρ ἔφυς,
εἴ τι μὴ δαίμων παλαιὸς νῦν μεθέστηκε στρατῷ.

ΒΑΣΙΛΕΙΑ
ταῦτα δὴ λιποῦσ' ἱκάνω χρυσεοστόλμους δόμους
160 καὶ τὸ Δαρείου τε κἀμὸν κοινὸν εὐνατήριον,
καί με καρδίαν ἀμύσσει φροντίς· εἰς δ' ὑμᾶς ἐρῶ
μῦθον οὐδαμῶς ἐμαυτῆς <
                        > οὐκ ἀδείμαντος, φίλοι,
μὴ μέγας πλοῦτος κονίσας οὖδας ἀντρέψῃ ποδὶ

ὄλβον, ὃν Δαρεῖος ἦρεν οὐκ ἄνευ θεῶν τινος.
165 ταῦτά μοι μέριμν' ἄφραστός ἐστιν ἐν φρεσὶν διπλῆ,
167 μήτ' ἀχρημάτοισι λάμπειν φῶς, ὅσον σθένος πάρα,
166 μήτε χρημάτων ἀνάνδρων πλῆθος ἐν τιμῇ σέβειν.
168 ἔστι γὰρ πλοῦτός γ' ἀμεμφής, ἀμφὶ δ' ὀφθαλμῷ φόβος·
ὄμμα γὰρ δόμων νομίζω δεσπότου παρουσίαν.
170 πρὸς τάδ', ὡς οὕτως ἐχόντων τῶνδε, σύμβουλοι λόγου
τοῦδέ μοι γένεσθε, Πέρσαι, γηραλέα πιστώματα·
πάντα γὰρ τὰ κέδν' ἐν ὑμῖν ἐστί μοι βουλεύματα.

ΧΟΡΟΣ
εὖ τόδ' ἴσθι, γῆς ἄνασσα τῆσδε, μή σε δὶς φράσαι
μήτ' ἔπος μήτ' ἔργον, ὧν ἂν δύναμις ἡγεῖσθαι θέλῃ·
175 εὐμενεῖς γὰρ ὄντας ἡμᾶς τῶνδε συμβούλους καλεῖς.

ΒΑΣΙΛΕΙΑ
πολλοῖς μὲν αἰεὶ νυκτέροις ὀνείρασι
ξύνειμ', ἀφ' οὗπερ παῖς ἐμὸς στείλας στρατὸν
Ἰαόνων γῆν οἴχεται πέρσαι θέλων·
ἀλλ' οὔτί πω τοιόνδ' ἐναργὲς εἰδόμην
180 ὡς τῆς πάροιθεν εὐφρόνης· λέξω δέ σοι.
ἐδοξάτην μοι δύο γυναῖκ' εὐείμονε,
ἡ μὲν πέπλοισι Περσικοῖς ἠσκημένη,
ἡ δ' αὖτε Δωρικοῖσιν, εἰς ὄψιν μολεῖν,
μεγέθει τε τῶν νῦν ἐκπρεπεστάτα πολὺ
185 κάλλει τ' ἀμώμω, καὶ κασιγνήτα γένους
ταὐτοῦ· πάτραν δ' ἔναιον ἡ μὲν Ἑλλάδα

κλήρῳ λαχοῦσα γαῖαν, ἡ δὲ βάρβαρον.
τούτω στάσιν τιν', ὡς ἐγὼ 'δόκουν ὁρᾶν,
τεύχειν ἐν ἀλλήλαισι· παῖς δ' ἐμὸς μαθὼν
190 κατεῖχε κἀπράυνεν, ἅρμασιν δ' ὕπο
ζεύγνυσιν αὐτὼ καὶ λέπαδν' ὑπ' αὐχένων
τίθησι. χἠ μὲν τῇδ' ἐπυργοῦτο στολῇ
ἐν ἡνίαισί τ' εἶχεν εὔαρκτον στόμα·
ἡ δ' ἐσφάδᾳζε, καὶ χεροῖν ἔντη δίφρου
195 διασπαράσσει καὶ ξυναρπάζει βίᾳ
ἄνευ χαλινῶν, καὶ ζυγὸν θραύει μέσον.
πίπτει δ' ἐμὸς παῖς· καὶ πατὴρ παρίσταται
Δαρεῖος οἰκτίρων σφε· τὸν δ' ὅπως ὁρᾷ
Ξέρξης, πέπλους ῥήγνυσιν ἀμφὶ σώματι.
200 καὶ ταῦτα μὲν δὴ νυκτὸς εἰσιδεῖν λέγω·
ἐπεὶ δ' ἀνέστην καὶ χεροῖν καλλιρρόου
ἔψαυσα πηγῆς, σὺν θυηπόλῳ χερὶ
βωμὸν προσέστην, ἀποτρόποισι δαίμοσιν
θέλουσα θῦσαι πελανόν, ὧν τέλη τάδε.
205 ὁρῶ δὲ φεύγοντ' αἰετὸν πρὸς ἐσχάραν
Φοίβου· φόβῳ δ' ἄφθογγος ἐστάθην, φίλοι·
μεθύστερον δὲ κίρκον εἰσορῶ δρόμῳ
πτεροῖς ἐφορμαίνοντα καὶ χηλαῖς κάρα
τίλλονθ'· ὁ δ' οὐδὲν ἄλλο γ' ἢ πτήξας δέμας
210 παρεῖχε. ταῦτ' ἐμοί τε δείματ' εἰσιδεῖν
ὑμῖν τ' ἀκούειν. εὖ γὰρ ἴστε, παῖς ἐμὸς
πράξας μὲν εὖ θαυμαστὸς ἂν γένοιτ' ἀνήρ·

κακῶς δὲ πράξας—οὐχ ὑπεύθυνος πόλει,
σωθεὶς δ' ὁμοίως τῆσδε κοιρανεῖ χθονός.

ΧΟΡΟΣ

οὔ σε βουλόμεσθα, μῆτερ, οὔτ' ἄγαν φοβεῖν λόγοις
οὔτε θαρσύνειν· θεοὺς δὲ προστροπαῖς ἱκνουμένη,
εἴ τι φλαῦρον εἶδες, αἰτοῦ τῶνδ' ἀποτροπὴν τελεῖν,
τὰ δ' ἀγάθ' ἐκτελῆ γενέσθαι σοί τε καὶ τέκνοις σέθεν
καὶ πόλει φίλοις τε πᾶσι. δεύτερον δὲ χρὴ χοὰς
Γῇ τε καὶ φθιτοῖς χέασθαι· πρευμενῶς δ' αἰτοῦ τάδε,
σὸν πόσιν Δαρεῖον, ὅνπερ φῂς ἰδεῖν κατ' εὐφρόνην,
ἐσθλά σοι πέμπειν τέκνῳ τε γῆς ἔνερθεν εἰς φάος,
τἄμπαλιν δὲ τῶνδε γαίᾳ κάτοχ' ἀμαυροῦσθαι σκότῳ.
ταῦτα θυμόμαντις ὤν σοι πρευμενῶς παρῄνεσα,
εὖ δὲ πανταχῇ τελεῖν σοι τῶνδε κρίνομεν πέρι.

ΒΑΣΙΛΕΙΑ

ἀλλὰ μὴν εὔνους γ' ὁ πρῶτος τῶνδ' ἐνυπνίων κριτὴς
παιδὶ καὶ δόμοις ἐμοῖσι τήνδ' ἐκύρωσας φάτιν.
ἐκτελοῖτο δὴ τὰ χρηστά· ταῦτα δ' ὡς ἐφίεσαι
πάντα θήσομεν θεοῖσι τοῖς τ' ἔνερθε γῆς φίλοις,
εὖτ' ἂν εἰς οἴκους μόλωμεν. κεῖνο δ' ἐκμαθεῖν θέλω,
ὦ φίλοι· ποῦ τὰς Ἀθήνας φασὶν ἱδρῦσθαι χθονός;

ΧΟΡΟΣ

τῆλε πρὸς δυσμαῖς ἄνακτος Ἡλίου φθινασμάτων.

ΒΑΣΙΛΕΙΑ

ἀλλὰ μὴν ἵμειρ' ἐμὸς παῖς τήνδε θηρᾶσαι πόλιν;

ΧΟΡΟΣ

πᾶσα γὰρ γένοιτ' ἂν Ἑλλὰς βασιλέως ὑπήκοος.

ΒΑΣΙΛΕΙΑ

235 ὧδέ τις πάρεστιν αὐτοῖς ἀνδροπλήθεια στρατοῦ;

ΧΟΡΟΣ

238 καὶ στρατὸς τοιοῦτος, ἔρξας πολλὰ δὴ Μήδους κακά.

ΒΑΣΙΛΕΙΑ

239 πότερα γὰρ τοξουλκὸς αἰχμὴ διά χερῶν αὐτοῖς πρέπει;

ΧΟΡΟΣ

240 μηδαμῶς· ἔγχη σταδαῖα καὶ φεράσπιδες σαγαί.

ΒΑΣΙΛΕΙΑ

237 καὶ τί πρὸς τούτοισιν ἄλλο; πλοῦτος ἐξαρκὴς δόμοις;

ΧΟΡΟΣ

238 ἀργύρου πηγή τις αὐτοῖς ἐστι, θησαυρὸς χθονός.

ΒΑΣΙΛΕΙΑ

241 τίς δὲ ποιμάνωρ ἔπεστι κἀπιδεσπόζει στρατῷ;

ΧΟΡΟΣ

οὕτινος δοῦλοι κέκληνται φωτὸς οὐδ' ὑπήκοοι.

ΒΑΣΙΛΕΙΑ

πῶς ἂν οὖν μένοιεν ἄνδρας πολεμίους ἐπήλυδας;

ΧΟΡΟΣ

ὥστε Δαρείου πολύν τε καὶ καλὸν φθεῖραι στρατόν.

ΒΑΣΙΛΕΙΑ

245   δεινά τοι λέγεις κιόντων τοῖς τεκοῦσι φροντίσαι.

ΧΟΡΟΣ

ἀλλ' ἐμοὶ δοκεῖν ταχ' εἴσῃ πάντα ναμερτῆ λογον·
τοῦδε γὰρ δράμημα φωτὸς Περσικὸν πρέπει μαθεῖν,
καὶ φέρει σαφές τι πρᾶγος ἐσθλὸν ἢ κακὸν κλυεῖν.

ΑΓΓΕΛΟΣ

ὦ γῆς ἁπάσης Ἀσίδος πολίσματα,
250   ὦ Περσὶς αἶα καὶ πολὺς πλούτου λιμήν,
ὡς ἐν μιᾷ πληγῇ κατέφθαρται πολὺς
ὄλβος, τὸ Περσῶν δ' ἄνθος οἴχεται πεσόν.
ὤμοι, κακὸν μὲν πρῶτον ἀγγέλλειν κακά·
ὅμως δ' ἀνάγκη πᾶν ἀναπτύξαι πάθος,
255   Πέρσαι· στρατὸς γὰρ πᾶς ὄλωλε βαρβάρων.

στρ. α
ΧΟΡΟΣ
ἄνια ἄνια, νεόκοτα καὶ
δάι᾽· αἰαῖ, διαίνεσθε, Πέρσαι, τόδ᾽ ἄχος κλυόντες.

ΑΓΓΕΛΟΣ
260 ὡς πάντα γ᾽ ἔστ᾽ ἐκεῖνα διαπεπραγμένα·
καὐτὸς δ᾽ ἀέλπτως νόστιμον βλέπω φάος.

ΧΟΡΟΣ
ἀντ. α ἦ μακροβίοτος ὅδε γέ τις αἰ-
ὼν ἐφάνθη γεραιοῖς, ἀκού-
265 ειν τόδε πῆμ᾽ ἄελπτον.

ΑΓΓΕΛΟΣ
καὶ μὴν παρών γε κοὺ λόγους ἄλλων κλυών,
Πέρσαι, φράσαιμ᾽ ἂν οἷ᾽ ἐπορσύνθη κακά.

ΧΟΡΟΣ
στρ. β ὀτοτοτοῖ, μάταν
τὰ πολλὰ βέλεα παμμιγῆ
270 γᾶς ἀπ᾽ Ἀσίδος ἦλθ᾽ ἐπ᾽ αἶαν
271 Δίαν, Ἑλλάδα χώραν.

ΑΓΓΕΛΟΣ
278 οὐδὲν γὰρ ἤρκει τόξα, πᾶς δ᾽ ἀπώλλυτο
279 λεὼς δαμασθεὶς ναΐοισιν ἐμβολαῖς.

ΧΟΡΟΣ

ἀντ. β ὀτοτοτοῖ, φίλων
275 πολύδονα σώμαθ' ἁλιβαφῆ
κατθανόντα λέγεις φέρεσθαι
277 πλαγκταῖς ἐν διπλάκεσσιν.

ΑΓΓΕΛΟΣ

272 πλήθουσι νεκρῶν δυσπότμως ἐφθαρμένων
273 Σαλαμῖνος ἀκταὶ πᾶς τε πρόσχωρος τόπος.

ΧΟΡΟΣ

στρ. γ ἰυζ' ἀπότμοις βοὰν
281 δυσαιανῆ †Πέρσαις δαΐοις†,
ὡς πάντα παγκάκως θέσαν
<δαίμονες>· αἰαῖ στρατοῦ φθαρέντος.

ΑΓΓΕΛΟΣ

ὦ πλεῖστον ἔχθος ὄνομα Σαλαμῖνος κλύειν·
285 φεῦ, τῶν Ἀθηνῶν ὡς στένω μεμνημένος.

ΧΟΡΟΣ

ἀντ. γ στυγναί γε δὴ δαΐοις·
μεμνῆσθαί τοι πάρα,
ὡς Περσίδων πολλὰς μάταν
εὔνιδας ἔκτισσαν ἠδ' ἀνάνδρους.

ΒΑΣΙΛΕΙΑ

290 σιγῶ πάλαι δύστηνος ἐκπεπληγμένη
κακοῖς· ὑπερβάλλει γὰρ ἥδε συμφορά,
τὸ μήτε λέξαι μήτ' ἐρωτῆσαι πάθη.
ὅμως δ' ἀνάγκη πημονὰς βροτοῖς φέρειν
θεῶν διδόντων· πᾶν δ' ἀναπτύξας πάθος
295 λέξον καταστάς, κεἰ στένεις κακοῖς ὅμως·
τίς οὐ τέθνηκε, τίνα δὲ καὶ πενθήσομεν
τῶν ἀρχελείων, ὅστ' ἐπὶ σκηπτουχίᾳ
ταχθεὶς ἄνανδρον τάξιν ἠρήμου θανών;

ΑΓΓΕΛΟΣ

Ξέρξης μὲν αὐτὸς ζῇ τε καὶ φάος βλέπει—

ΒΑΣΙΛΕΙΑ

300 ἐμοῖς μὲν εἶπας δώμασιν φάος μέγα
καὶ λευκὸν ἦμαρ νυκτὸς ἐκ μελαγχίμου.

ΑΓΓΕΛΟΣ

Ἀρτεμβάρης δὲ μυρίας ἵππου βραβεὺς
στύφλους παρ' ἀκτὰς θείνεται Σιληνιῶν·
χὠ χιλίαρχος Δαδάκης πληγῇ δορὸς
305 πήδημα κοῦφον ἐκ νεὼς ἀφήλατο·
Τενάγων τ' ἄριστος Βακτρίων ἰθαγενὴς
θαλασσόπληκτον νῆσον Αἴαντος πολεῖ.
Λίλαιος Ἀρσάμης τε κἀργήστης τρίτος,
οἵδ' ἀμφὶ νῆσον τὴν πελειοθρέμμονα

310 νικώμενοι κύρισσον ἰσχυρὰν χθόνα,
311 πηγαῖς τε Νείλου γειτονῶν Αἰγυπτίου
313 Φαρνοῦχος, οἵ τε ναὸς ἐκ μιᾶς πέσον
312 Ἀρκτεύς, Ἀδεύης, καὶ Φερεσσεύης τρίτος,
315 ἵππου μελαίνης ἡγεμὼν τρισμυρίας.
314 Χρυσεὺς Μάταλλος μυριόνταρχος θανὼν
316 πυρσὴν ζαπληθῆ δάσκιον γενειάδα
ἔτεγγ', ἀμείβων χρῶτα πορφυρᾷ βαφῇ·
καὶ Μᾶγος Ἄραβος Ἀρτάβης τε Βάκτριος,
σκληρᾶς μέτοικος γῆς, ἐκεῖ κατέφθιτο.
320 Ἄμιστρις Ἀμφιστρεύς τε πολύπονον δόρυ
νωμῶν, ὅ τ' ἐσθλὸς Ἀριόμαρδος ἄρδεσιν
πένθος παρασχών, Σεισάμης θ' ὁ Μύσιος,
Θάρυβίς τε πεντήκοντα πεντάκις νεῶν
ταγός, γένος Λυρναῖος, εὐειδὴς ἀνήρ,
325 κεῖται θανὼν δείλαιος οὐ μάλ' εὐτυχῶς·
Συέννεσίς τε, πρῶτος εἰς εὐψυχίαν,
Κιλίκων ἄπαρχος, εἷς ἀνὴρ πλεῖστον πόνον
ἐχθροῖς παρασχών, εὐκλεῶς ἀπώλετο.
τοσόνδ' ἐπαρχόντων ὑπεμνήσθην πέρι·
330 πολλῶν παρόντων δ' ὀλίγ' ἀπαγγέλλω κακά.

ΒΑΣΙΛΕΙΑ
αἰαῖ, κακῶν ὕψιστα δὴ κλύω τάδε,
αἴσχη τε Πέρσαις καὶ λιγέα κωκύματα.
ἀτὰρ φράσον μοι τοῦτ' ἀναστρέψας πάλιν·
πόσον νεῶν δὴ πλῆθος ἦν Ἑλληνίδων,

335 ὥστ' ἀξιῶσαι Περσικῷ στρατεύματι
μάχην ξυνάψαι ναΐοισιν ἐμβολαῖς;

ΑΓΓΕΛΟΣ
πλήθους μὲν ἂν σάφ' ἴσθ' ἕκατι βαρβάρων
ναῦς ἂν κρατῆσαι. καὶ γὰρ Ἕλλησιν μὲν ἦν
ὁ πᾶς ἀριθμὸς εἰς τριακάδας δέκα
340 ναῶν, δεκὰς δ' ἦν τῶνδε χωρὶς ἔκκριτος·
Ξέρξῃ δέ, καὶ γὰρ οἶδα, χιλιὰς μὲν ἦν
ὧν ἦγε πλῆθος, αἱ δ' ὑπέρκοποι τάχει
ἑκατὸν δὶς ἦσαν ἑπτά θ'· ὧδ' ἔχει λόγος.
μή σοι δοκοῦμεν τῇδε λειφθῆναι μάχης;
345 ἀλλ' ὧδε δαίμων τις κατέφθειρε στρατόν,
τάλαντα βρίσας οὐκ ἰσορρόπῳ τύχῃ.
θεοὶ πόλιν σῴζουσι Παλλάδος θεᾶς.

ΒΑΣΙΛΕΙΑ
ἔτ' ἆρ' Ἀθηνῶν ἐστ' ἀπόρθητος πόλις;

ΑΓΓΕΛΟΣ
ἀνδρῶν γὰρ ὄντων ἕρκος ἐστὶν ἀσφαλές.

ΒΑΣΙΛΕΙΑ
350 ἀρχὴ δὲ ναυσὶ συμβολῆς τίς ἦν φράσον·
τίνες κατῆρξαν, πότερον Ἕλληνες, μάχης,
ἢ παῖς ἐμός, πλήθει καταυχήσας νεῶν;

ΑΓΓΕΛΟΣ

ἦρξεν μέν, ὦ δέσποινα, τοῦ παντὸς κακοῦ
φανεὶς ἀλάστωρ ἢ κακὸς δαίμων ποθέν.
355 ἀνὴρ γὰρ Ἕλλην ἐξ Ἀθηναίων στρατοῦ
ἐλθὼν ἔλεξε παιδὶ σῷ Ξέρξῃ τάδε,
ὡς εἰ μελαίνης νυκτὸς ἵξεται κνέφας,
Ἕλληνες οὐ μενοῖεν, ἀλλὰ σέλμασιν
ναῶν ἐπανθορόντες ἄλλος ἄλλοσε
360 δρασμῷ κρυφαίῳ βίοτον ἐκσωσοίατο.
ὁ δ' εὐθὺς ὡς ἤκουσεν, οὐ ξυνεὶς δόλον
Ἕλληνος ἀνδρὸς οὐδὲ τὸν θεῶν φθόνον,
πᾶσιν προφωνεῖ τόνδε ναυάρχοις λόγον·
εὖτ' ἂν φλέγων ἀκτῖσιν ἥλιος χθόνα
365 λήξῃ, κνέφας δὲ τέμενος αἰθέρος λάβῃ,
τάξαι νεῶν στῖφος μὲν ἐν στοίχοις τρισὶν
ἔκπλους φυλάσσειν καὶ πόρους ἁλιρρόθους,
ἄλλας δὲ κύκλῳ νῆσον Αἴαντος πέριξ·
ὡς εἰ μόρον φευξοίαθ' Ἕλληνες κακόν,
370 ναυσὶν κρυφαίως δρασμὸν εὑρόντες τινά,
πᾶσι στερέσθαι κρατὸς ἦν προκείμενον.
τοσαῦτ' ἔλεξε, κάρθ' ὑπ' εὐθύμου φρενός·
οὐ γὰρ τὸ μέλλον ἐκ θεῶν ἠπίστατο·
οἱ δ' οὐκ ἀκόσμως, ἀλλὰ πειθάρχῳ φρενὶ
375 δεῖπνόν τ' ἐπορσύνοντο, ναυβάτης τ' ἀνὴρ
τροποῦτο κώπην σκαλμὸν ἀμφ' εὐήρετμον.
ἐπεὶ δὲ φέγγος ἡλίου κατέφθιτο
καὶ νὺξ ἐπῄει, πᾶς ἀνὴρ κώπης ἄναξ

εἰς ναῦν ἐχώρει πᾶς θ' ὅπλων ἐπιστάτης·
380 τάξις δὲ τάξιν παρεκάλει νεὼς μακρᾶς,
πλέουσι δ' ὡς ἕκαστος ἦν τεταγμένος·
καὶ πάννυχοι δὴ διάπλοον καθίστασαν
ναῶν ἄνακτες πάντα ναυτικὸν λεών.
καὶ νὺξ ἐχώρει, κοὐ μάλ' Ἑλλήνων στρατὸς
385 κρυφαῖον ἔκπλουν οὐδαμῇ καθίστατο·
ἐπεί γε μέντοι λευκόπωλος ἡμέρα
πᾶσαν κατέσχε γαῖαν εὐφεγγὴς ἰδεῖν,
πρῶτον μὲν ἠχῇ κέλαδος Ἑλλήνων πάρα
μολπηδὸν ηὐφήμησεν, ὄρθιον δ' ἅμα
390 ἀντηλάλαξε νησιώτιδος πέτρας
ἠχώ· φόβος δὲ πᾶσι βαρβάροις παρῆν
γνώμης ἀποσφαλεῖσιν· οὐ γὰρ ὡς φυγῇ
παιῶν' ἐφύμνουν σεμνὸν Ἕλληνες τότε,
ἀλλ' εἰς μάχην ὁρμῶντες εὐψύχῳ θράσει·
395 σάλπιγξ δ' αὐτῇ πάντ' ἐκεῖν' ἐπέφλεγεν.
εὐθὺς δὲ κώπης ῥοθιάδος ξυνεμβολῇ
ἔπαισαν ἅλμην βρύχιον ἐκ κελεύματος,
θοῶς δὲ πάντες ἦσαν ἐκφανεῖς ἰδεῖν·
400 τὸ δεξιὸν μὲν πρῶτον εὐτάκτως κέρας
ἡγεῖτο κόσμῳ, δεύτερον δ' ὁ πᾶς στόλος
ἐπεξεχώρει, καὶ παρῆν ὁμοῦ κλύειν
πολλὴν βοήν· "ὦ παῖδες Ἑλλήνων, ἴτε,
ἐλευθεροῦτε πατρίδ', ἐλευθεροῦτε δὲ
παῖδας, γυναῖκας, θεῶν τε πατρῴων ἕδη,
405 θήκας τε προγόνων· νῦν ὑπὲρ πάντων ἀγών".

καὶ μὴν παρ' ἡμῶν Περσίδος γλώσσης ῥόθος
ὑπηντίαζε, κοὐκέτ' ἦν μέλλειν ἀκμή.
εὐθὺς δὲ ναῦς ἐν νηῒ χαλκήρη στόλον
ἔπαισεν· ἦρξε δ' ἐμβολῆς Ἑλληνικὴ
410 ναῦς, κἀποθραύει πάντα Φοινίσσης νεὼς
κόρυμβ'· ἐπ' ἄλλην δ' ἄλλος ηὔθυνεν δόρυ.
τὰ πρῶτα μέν νυν ῥεῦμα Περσικοῦ στρατοῦ
ἀντεῖχεν· ὡς δὲ πλῆθος ἐν στενῷ νεῶν
ἤθροιστ', ἀρωγὴ δ' οὔτις ἀλλήλοις παρῆν,
415 αὐτοὶ δ' ὑπ' αὐτῶν ἐμβολαῖς χαλκοστόμοις
παίοντ', ἔθραυον πάντα κωπήρη στόλον,
Ἑλληνικαί τε νῆες οὐκ ἀφρασμόνως
κύκλῳ πέριξ ἔθεινον· ὑπτιοῦτο δὲ
σκάφη νεῶν, θάλασσα δ' οὐκέτ' ἦν ἰδεῖν,
420 ναυαγίων πλήθουσα καὶ φόνῳ βροτῶν·
ἀκταὶ δὲ νεκρῶν χοιράδες τ' ἐπλήθυον.
φυγῇ δ' ἀκόσμῳ πᾶσα ναῦς ἠρέσσετο,
ὅσαιπερ ἦσαν βαρβάρου στρατεύματος·
τοὶ δ' ὥστε θύννους ἤ τιν' ἰχθύων βόλον
425 ἀγαῖσι κωπῶν θραύμασίν τ' ἐρειπίων
ἔπαιον, ἐρράχιζον· οἰμωγὴ δ' ὁμοῦ
κωκύμασιν κατεῖχε πελαγίαν ἅλα,
ἕως κελαινὸν νυκτὸς ὄμμ' ἀφείλετο.
κακῶν δὲ πλῆθος, οὐδ' ἂν εἰ δέκ' ἤματα
430 στοιχηγοροίην, οὐκ ἂν ἐκπλήσαιμί σοι·
εὖ γὰρ τόδ' ἴσθι, μηδάμ' ἡμέρᾳ μιᾷ
πλῆθος τοσουτάριθμον ἀνθρώπων θανεῖν.

ΒΑΣΙΛΕΙΑ

αἰαῖ, κακῶν δὴ πέλαγος ἔρρωγεν μέγα
Πέρσαις τε καὶ πρόπαντι βαρβάρων γένει.

ΑΓΓΕΛΟΣ

435 εὖ νυν τόδ' ἴσθι, μηδέπω μεσοῦν κακόν·
τοιάδ' ἐπ' αὐτοῖς ἦλθε συμφορὰ πάθους
ὡς τοῖσδε καὶ δὶς ἀντισηκῶσαι ῥοπῇ.

ΒΑΣΙΛΕΙΑ

καὶ τίς γένοιτ' ἂν τῆσδ' ἔτ' ἐχθίων τύχη;
λέξον τίν' αὖ φῂς τήνδε συμφορὰν στρατῷ
440 ἐλθεῖν, κακῶν ῥέπουσαν εἰς τὰ μάσσονα.

ΑΓΓΕΛΟΣ

Περσῶν ὅσοιπερ ἦσαν ἀκμαῖοι φύσιν
ψυχήν τ' ἄριστοι κεὐγένειαν ἐκπρεπεῖς,
αὐτῷ τ' ἄνακτι πίστιν ἐν πρώτοις ἀεί,
τεθνᾶσιν αἰσχρῶς δυσκλεεστάτῳ πότμῳ.

ΒΑΣΙΛΕΙΑ

445 οἲ 'γὼ τάλαινα συμφορᾶς κακῆς, φίλοι.
ποίῳ μόρῳ δὲ τούσδε φῂς ὀλωλέναι;

ΑΓΓΕΛΟΣ

νῆσός τίς ἐστι πρόσθε Σαλαμῖνος τόπων,
βαιά, δύσορμος ναυσίν, ἣν ὁ φιλόχορος

Πὰν ἐμβατεύει ποντίας ἀκτῆς ἔπι.
450 ἐνταῦθα πέμπει τούσδ', ὅπως, ὅτ' ἐκ νεῶν
φθαρέντες ἐχθροὶ νῆσον ἐκσῳζοίατο,
κτείνοιεν εὐχείρωτον Ἑλλήνων στρατόν,
φίλους δ' ὑπεκσῴζοιεν ἐναλίων πόρων,
κακῶς τὸ μέλλον ἱστορῶν. ὡς γὰρ θεὸς
455 ναῶν ἔδωκε κῦδος Ἕλλησιν μάχης,
αὐθημερὸν φάρξαντες εὐχάλκοις δέμας
ὅπλοισι ναῶν ἐξέθρῳσκον, ἀμφὶ δὲ
κυκλοῦντο πᾶσαν νῆσον, ὥστ' ἀμηχανεῖν
ὅποι τράποιντο· πολλὰ μὲν γὰρ ἐκ χερῶν
460 πέτροισιν ἠράσσοντο, τοξικῆς τ' ἀπὸ
θώμιγγος ἰοὶ προσπίτνοντες ὤλλυσαν·
τέλος δ' ἐφορμηθέντες ἐς ἑνὸς ῥόθου
παίουσι, κρεοκοποῦσι δυστήνων μέλη,
ἕως ἁπάντων ἐξαπέφθειραν βίον.
465 Ξέρξης δ' ἀνῴμωξεν κακῶν ὁρῶν βάθος·
ἕδραν γὰρ εἶχε παντὸς εὐαγῆ στρατοῦ,
ὑψηλὸν ὄχθον ἄγχι πελαγίας ἁλός·
ῥήξας δὲ πέπλους κἀνακωκύσας λιγύ,
πεζῷ παραγγείλας ἄφαρ στρατεύματι,
470 ἵησ' ἀκόσμῳ ξὺν φυγῇ. τοιάνδε τοι
πρὸς τῇ πάροιθε συμφορᾷ πάρα στένειν.

ΒΑΣΙΛΕΙΑ
ὦ στυγνὲ δαῖμον, ὡς ἄρ' ἔψευσας φρενῶν
Πέρσας· πικρὰν δὲ παῖς ἐμὸς τιμωρίαν

κλεινῶν Ἀθηνῶν ηὗρε, κοὐκ ἀπήρκεσαν
475 οὓς πρόσθε Μαραθὼν βαρβάρων ἀπώλεσεν·
ὧν ἀντίποινα παῖς ἐμὸς πράξειν δοκῶν
τοσόνδε πλῆθος πημάτων ἐπέσπασεν.
σὺ δ' εἰπέ, ναῶν αἳ πεφεύγασιν μόρον,
ποῦ τάσδ' ἔλειπες; οἶσθα σημῆναι τορῶς;

ΑΓΓΕΛΟΣ
480 ναῶν δὲ ταγοὶ τῶν λελειμμένων σύδην
κατ' οὖρον οὐκ εὔκοσμον αἴρονται φυγήν.
στρατὸς δ' ὁ λοιπὸς ἔν τε Βοιωτῶν χθονὶ
διώλλυθ', οἱ μὲν ἀμφὶ κρηναῖον γάνος
δίψῃ πονοῦντες, <οἱ δὲ
>· οἱ δ' ὑπ' ἄσθματος κενοῦ
485 διεκπερῶμεν εἴς τε Φωκέων χθόνα
καὶ Δωρίδ' αἶαν Μηλιᾶ τε κόλπον, οὗ
Σπερχειὸς ἄρδει πεδίον εὐμενεῖ ποτῷ·
κἀντεῦθεν ἡμᾶς γῆς Ἀχαιίδος πέδον
καὶ Θεσσαλῶν πόλεις ὑπεσπανισμένους
490 βορᾶς ἐδέξαντ'· ἔνθα δὴ πλεῖστοι θάνον
δίψῃ τε λιμῷ τ'· ἀμφότερα γὰρ ἦν τάδε.
Μαγνητικὴν δὲ γαῖαν εἴς τε Μακεδόνων
χώραν ἀφικόμεσθ', ἐπ' Ἀξιοῦ πόρον,
Βόλβης θ' ἕλειον δόνακα, Παγγαῖόν τ' ὄρος,
495 Ἠδωνίδ' αἶαν. νυκτὶ δ' ἐν ταύτῃ θεὸς
χειμῶν' ἄωρον ὦρσε, πήγνυσιν δὲ πᾶν
ῥέεθρον ἁγνοῦ Στρύμονος· θεοὺς δέ τις

τὸ πρὶν νομίζων οὐδαμοῦ τότ' ηὔχετο
λιταῖσι, γαῖαν οὐρανόν τε προσκυνῶν.
ἐπεὶ δὲ πολλὰ θεοκλυτῶν ἐπαύσατο
στρατός, περᾷ κρυσταλλοπῆγα διὰ πόρον·
χὤστις μὲν ἡμῶν πρὶν σκεδασθῆναι θεοῦ
ἀκτῖνας ὡρμήθη, σεσωμένος κυρεῖ·
φλέγων γὰρ αὐγαῖς λαμπρὸς ἡλίου κύκλος
μέσον πόρον διῆκε θερμαίνων φλογί·
πίπτον δ' ἐπ' ἀλλήλοισιν· ηὐτύχει δέ τοι
ὅστις τάχιστα πνεῦμ' ἀπέρρηξεν βίου.
ὅσοι δὲ λοιποὶ κἄτυχον σωτηρίας,
Θρῄκην περάσαντες μόγις πολλῷ πόνῳ
ἥκουσιν ἐκφυγόντες, οὐ πολλοί τινες,
ἐφ' ἑστιοῦχον γαῖαν· ὡς στένειν πόλιν
Περσῶν, ποθοῦσαν φιλτάτην ἥβην χθονός.
ταῦτ' ἔστ' ἀληθῆ· πολλὰ δ' ἐκλείπω λέγων
κακῶν ἃ Πέρσαις ἐγκατέσκηψεν θεός.

ΧΟΡΟΣ
ὦ δυσπόνητε δαῖμον, ὡς ἄγαν βαρὺς
ποδοῖν ἐνήλου παντὶ Περσικῷ γένει.

ΒΑΣΙΛΕΙΑ
οἲ 'γὼ τάλαινα διαπεπραγμένου στρατοῦ.
ὦ νυκτὸς ὄψις ἐμφανὴς ἐνυπνίων,
ὡς κάρτα μοι σαφῶς ἐδήλωσας κακά·
ὑμεῖς δὲ φαύλως αὔτ' ἄγαν ἐκρίνατε.

ὅμως, ἐπειδὴ τῇδ' ἐκύρωσεν φάτις
ὑμῶν, θεοῖς μὲν πρῶτον εὔξασθαι θέλω·
ἔπειτα Γῇ τε καὶ φθιτοῖς δωρήματα
ἥξω λαβοῦσα πελανὸν ἐξ οἴκων ἐμῶν,
ἐπίσταμαι μὲν ὡς ἐπ' ἐξειργασμένοις,
ἀλλ' εἰς τὸ λοιπὸν εἴ τι δὴ λῷον πέλοι.
ὑμᾶς δὲ χρὴ 'πὶ τοῖσδε τοῖς πεπραγμένοις
πιστοῖσι πιστὰ ξυμφέρειν βουλεύματα·
καὶ παῖδ', ἐάνπερ δεῦρ' ἐμοῦ πρόσθεν μόλῃ,
παρηγορεῖτε καὶ προπέμπετ' εἰς δόμους,
μὴ καί τι πρὸς κακοῖσι προσθῆται κακόν.

ΧΟΡΟΣ
ὦ Ζεῦ βασιλεῦ, νῦν <δὴ> Περσῶν
τῶν μεγαλαύχων καὶ πολυάνδρων
στρατιὰν ὀλέσας
ἄστυ τὸ Σούσων ἠδ' Ἀγβατάνων
πένθει δνοφερῷ κατέκρυψας.
πολλαὶ δ' ἁπαλαῖς χερσὶ καλύπτρας
κατερεικόμεναι <   >
διαμυδαλέους δάκρυσι κόλπους
τέγγουσ' ἄλγους μετέχουσαι·
αἱ δ' ἁβρόγοοι Περσίδες ἀνδρῶν
ποθέουσαι ἰδεῖν ἀρτιζυγίαν,
λέκτρων εὐνὰς ἁβροχίτωνας,
χλιδανῆς ἥβης τέρψιν, ἀφεῖσαι,
πενθοῦσι γόοις ἀκορεστοτάτοις·

        κἀγὼ δὲ μόρον τῶν οἰχομένων
        αἴρω δοκίμως πολυπενθῆ.
στρ. α   νῦν γὰρ πρόπασα δὴ στένει
        γαῖ' Ἀσὶς ἐκκενουμένα.
550   Ξέρξης μὲν ἄγαγεν, ποποῖ,
        Ξέρξης δ' ἀπώλεσεν, τοτοῖ,
        Ξέρξης δὲ πάντ' ἐπέσπε δυσφρόνως
        βαρίδες τε πόντιαι.
        τίπτε Δαρεῖος μὲν οὕ-
555   τω τότ' ἀβλαβὴς ἐπῆν
        τόξαρχος πολιήταις,
        Σουσίδος φίλος ἄκτωρ;

ἀντ. α   πεζούς τε καὶ θαλασσίους
        ὁμόπτεροι κυανώπιδες
560   νᾶες μὲν ἄγαγον, ποποῖ,
        νᾶες δ' ἀπώλεσαν, τοτοῖ,
        νᾶες πανωλέθροισιν ἐμβολαῖς,
        διὰ δ' Ἰαόνων χέρας.
        τυτθὰ δ' ἐκφυγεῖν ἄνακτ'
565   αὐτόν, ὡς ἀκούομεν,
        Θρήκης ἂμ πεδιήρεις
        δυσχίμους τε κελεύθους.

στρ. β   τοὶ δ' ἄρα πρωτομόροιο, φεῦ,
        ληφθέντες πρὸς ἀνάγκας, ἠέ,
570   ἀκτὰς ἀμφὶ Κυχρείας, ὀᾶ,

ἔρραινται. στένε καὶ δακνά-
ζου, βαρὺ δ' ἀμβόασον
οὐράνι' ἄχη, ὀᾶ,
τεῖνε δὲ δυσβάυκτον
575 βοᾶτιν τάλαιναν αὐδάν.

ἀντ. β κναπτόμενοι δ' ἁλὶ δεινά, φεῦ,
σκύλλονται πρὸς ἀναύδων, ἠέ,
παίδων τᾶς ἀμιάντου, ὀᾶ.
πενθεῖ δ' ἄνδρα δόμος στερη-
580 θείς, τοκέες δ' ἄπαιδες
δαιμόνι' ἄχη, ὀᾶ,
δυρόμενοι γέροντες
τὸ πᾶν δὴ κλύουσιν ἄλγος.

στρ. γ τοι δ' ἀνὰ γᾶν Ἀσίαν δὴν
585 οὐκέτι περσονομοῦνται,
οὐδ' ἔτι δασμοφοροῦσι
δεσποσύνοισιν ἀνάγκαις,
οὐδ' εἰς γᾶν προπίτνοντες
ἄζονται· βασιλεία
590 γὰρ διόλωλεν ἰσχύς.

ἀντ. γ οὐδ' ἔτι γλῶσσα βροτοῖσιν
ἐν φυλακαῖς· λέλυται γὰρ
λαὸς ἐλεύθερα βάζειν,
ὡς ἐλύθη ζυγὸν ἀλκᾶς.

595 αἱμαχθεῖσα δ' ἄρουραν
Αἴαντος περικλύστα
νᾶσος ἔχει τὰ Περσᾶν.

ΒΑΣΙΛΕΙΑ
φίλοι, κακῶν μὲν ὅστις ἔμπειρος κυρεῖ,
ἐπίσταται βροτοῖσιν ὡς ὅταν κλύδων
600 κακῶν ἐπέλθῃ, πάντα δειμαίνειν φιλεῖ,
ὅταν δ' ὁ δαίμων εὐροῇ, πεποιθέναι
τὸν αὐτὸν αἰὲν ἄνεμον οὐριεῖν τύχης.
ἐμοὶ γὰρ ἤδη πάντα μὲν φόβου πλέα·
ἐν ὄμμασίν τ' ἀνταῖα φαίνεται θεῶν
605 βοᾷ τ' ἐν ὠσὶ κέλαδος οὐ παιώνιος·
τοία κακῶν ἔκπληξις ἐκφοβεῖ φρένας.
τοιγὰρ κέλευθον τήνδ' ἄνευ τ' ὀχημάτων
χλιδῆς τε τῆς πάροιθεν ἐκ δόμων πάλιν
ἔστειλα, παιδὸς πατρὶ πρευμενεῖς χοὰς
610 φέρουσ', ἅπερ νεκροῖσι μειλικτήρια,
βοός τ' ἀφ' ἁγνῆς λευκὸν εὔποτον γάλα,
τῆς τ' ἀνθεμουργοῦ στάγμα, παμφαὲς μέλι,
λιβάσιν ὑδρηλαῖς παρθένου πηγῆς μέτα,
ἀκήρατόν τε μητρὸς ἀγρίας ἄπο
615 ποτόν, παλαιᾶς ἀμπέλου γάνος τόδε·
τῆς τ' αἰὲν ἐν φύλλοισι θαλλούσης βίον
ξανθῆς ἐλαίας καρπὸς εὐώδης πάρα,
ἄνθη τε πλεκτά, παμφόρου Γαίας τέκνα.
ἀλλ', ὦ φίλοι, χοαῖσι ταῖσδε νερτέρων

620 ὕμνους ἐπευφημεῖτε, τόν τε δαίμονα
Δαρεῖον ἀνακαλεῖσθε· γαπότους δ' ἐγὼ
τιμὰς προπέμψω τάσδε νερτέροις θεοῖς.

ΧΟΡΟΣ

βασίλεια γύναι, πρέσβος Πέρσαις,
σύ τε πέμπε χοὰς θαλάμους ὕπο γῆς,
625 ἡμεῖς θ' ὕμνοις αἰτησόμεθα
φθιμένων πομποὺς
εὔφρονας εἶναι κατὰ γαίας.
ἀλλά, χθόνιοι δαίμονες ἁγνοί,
Γῆ τε καὶ Ἑρμῆ βασιλεῦ τ' ἐνέρων,
630 πέμψατ' ἔνερθεν ψυχὴν εἰς φῶς·
εἰ γάρ τι κακῶν ἄκος οἶδε πλέον,
μόνος ἂν θνητῶν πέρας εἴποι.

στρ. α ἦ ῥ' ἀίει μοι μακαρίτας ἰσοδαίμων βασιλεὺς
635 βάρβαρα σαφηνῆ
ἱέντος τὰ παναίολ' αἰ-
ανῆ δύσθροα βάγματα;
παντάλαν' ἄχη
διαβοάσω·
639 νέρθεν ἆρα κλύει μου;

ἀντ. α ἀλλὰ σύ μοι, Γᾶ τε καὶ ἄλλοι χθονίων ἁγεμόνες,
δαίμονα μεγαυχῆ
ἰόντ' αἰνέσατ' ἐκ δόμων,

Περσᾶν Σουσιγενῆ θεόν,
πέμπετε δ' ἄνω,
645 οἷον οὔπω
Περσὶς αἶ' ἐκάλυψεν.

στρ. β ἦ φίλος ἀνήρ, φίλος ὄχθος·
φίλα γὰρ κέκευθεν ἤθη.
650 Ἀϊδωνεὺς δ' ἀναπομπὸς ἀνείη, Ἀϊδωνεύς,
θεῖον ἀνάκτορα Δαριᾶνα· ἠέ.

ἀντ. β οὔτε γὰρ ἄνδρας ποτ' ἀπώλλυ
πολεμοφθόροισιν ἄταις,
655 θεομήστωρ δ' ἐκικλῄσκετο Πέρσαις, θεομήστωρ
δ' ἔσκεν, ἐπεὶ στρατὸν †εὖ ἐποδώκει†· ἠέ.

στρ. γ βαλλήν, ἀρχαῖος βαλλήν, ἴθι, ἱκοῦ·
ἐλθ' ἐπ' ἄκρον κόρυμβον ὄχθου,
660 κροκόβαπτον ποδὸς εὔμαριν ἀείρων,
βασιλείου τιήρας φάλαρον πιφαύσκων.
664 βάσκε, πάτερ ἄκακε Δαριάν· οἴ·

ἀντ. γ ὅπως αἰνά τε κλύῃς νέα τ' ἄχη·
δέσποτα, δέσποτ', ὦ φάνηθι.
Στυγία γάρ τις ἐπ' ἀχλὺς πεπόταται·
670 νεολαία γὰρ ἤδη κατὰ πᾶσ' ὄλωλεν.
βάσκε, πάτερ ἄκακε Δαριάν· οἴ.

ἐπῳδ. αἰαῖ αἰαῖ·
ὦ πολύκλαυτε φίλοισι θανών,
675 τί τάδε, τί τάδε, δυνάτα, δυνάτα,
†περὶ τᾷ σᾷ† δίδυμα διαγόεδν' ἁμάρτια;
πᾶσαι γὰρ γᾷ τᾷδ' ἐξέφθινται τρίσκαλμοι
680 νᾶες ἄναες ἄναες.

ΕΙΔΩΛΟΝ ΔΑΡΕΙΟΥ
ὦ πιστὰ πιστῶν ἥλικές θ' ἥβης ἐμῆς,
Πέρσαι γεραιοί, τίνα πόλις πονεῖ πόνον;
στένει, κέκοπται, καὶ χαράσσεται πέδον.
λεύσσων δ' ἄκοιτιν τὴν ἐμὴν τάφου πέλας
685 ταρβῶ· χοὰς δὲ πρευμενὴς ἐδεξάμην·
ὑμεῖς δὲ θρηνεῖτ' ἐγγὺς ἑστῶτες τάφου,
καὶ ψυχαγωγοῖς ὀρθιάζοντες γόοις
οἰκτρῶς καλεῖσθέ μ'. ἔστι δ' οὐκ εὐέξοδον,
ἄλλως τε πάντως χοἰ κατὰ χθονὸς θεοὶ
690 λαβεῖν ἀμείνους εἰσὶν ἢ μεθιέναι·
ὅμως δ' ἐκείνοις ἐνδυναστεύσας ἐγὼ
ἥκω. τάχυνε δ', ὡς ἄμεμπτος ὦ χρόνου·
τί ἐστι Πέρσαις νεοχμὸν ἐμβριθὲς κακόν;

ΧΟΡΟΣ
στρ. σέβομαι μὲν προσιδέσθαι,
695 σέβομαι δ' ἀντία λέξαι
σέθεν ἀρχαίῳ περὶ τάρβει.

ΕΙΔΩΛΟΝ ΔΑΡΕΙΟΤ
ἀλλ' ἐπεὶ κάτωθεν ἦλθον σοῖς γόοις πεπεισμένος,
μή τι μακιστῆρα μῦθον, ἀλλὰ σύντομον λέγων
εἰπὲ καὶ πέραινε πάντα, τὴν ἐμὴν αἰδῶ μεθείς.

ΧΟΡΟΣ

ἀντ. δίομαι μὲν χαρίσασθαι,
701 δίομαι δ' ἀντία φάσθαι,
λέξας δύσλεκτα φίλοισιν.

ΕΙΔΩΛΟΝ ΔΑΡΕΙΟΤ
ἀλλ' ἐπεὶ δέος παλαιὸν σοὶ φρενῶν ἀνθίσταται,
τῶν ἐμῶν λέκτρων γεραιὰ ξύννομ', εὐγενὲς δάμαρ,
705 κλαυμάτων λήξασα τῶνδε καὶ γόων σαφές τί μοι
λέξον. ἀνθρώπεια δ' ἄν τοι πήματ' ἂν τύχοι βροτοῖς·
πολλὰ μὲν γὰρ ἐκ θαλάσσης, πολλὰ δ' ἐκ χέρσου κακὰ
γίγνεται θνητοῖς, ὁ μάσσων βίοτος ἦν ταθῇ πρόσω.

ΒΑΣΙΛΕΙΑ
ὦ βροτῶν πάντων ὑπερσχὼν ὄλβον εὐτυχεῖ πότμῳ,
710 ὡς ἕως τ' ἔλευσσες αὐγὰς ἡλίου ζηλωτὸς ὢν
βίοτον εὐαίωνα Πέρσαις ὡς θεὸς διήγαγες,
νῦν τέ σε ζηλῶ θανόντα πρὶν κακῶν ἰδεῖν βάθος.
πάντα γάρ, Δαρεῖ', ἀκούσῃ μῦθον ἐν βραχεῖ χρόνῳ·
διαπεπόρθηται τὰ Περσῶν πράγμαθ', ὡς εἰπεῖν ἔπος.

ΕΙΔΩΛΟΝ ΔΑΡΕΙΟΤ

715 τίνι τρόπῳ; λοιμοῦ τις ἦλθε σκηπτός, ἢ στάσις πόλει;

ΒΑΣΙΛΕΙΑ

οὐδαμῶς, ἀλλ᾽ ἀμφ᾽ Ἀθήνας πᾶς κατέφθαρται στρατός.

ΕΙΔΩΛΟΝ ΔΑΡΕΙΟΤ

τίς δ᾽ ἐμῶν ἐκεῖσε παίδων ἐστρατηλάτει; φράσον.

ΒΑΣΙΛΕΙΑ

θούριος Ξέρξης, κενώσας πᾶσαν ἠπείρου πλάκα.

ΕΙΔΩΛΟΝ ΔΑΡΕΙΟΤ

πεζὸς ἢ ναύτης δὲ πεῖραν τήνδ᾽ ἐμώρανεν τάλας;

ΒΑΣΙΛΕΙΑ

720 ἀμφότερα· διπλοῦν μέτωπον ἦν δυοῖν στρατευμάτοιν.

ΕΙΔΩΛΟΝ ΔΑΡΕΙΟΤ

πῶς δὲ καὶ στρατὸς τοσόσδε πεζὸς ἤνυσεν περᾶν;

ΒΑΣΙΛΕΙΑ

μηχαναῖς ἔζευξεν Ἕλλης πορθμόν, ὥστ᾽ ἔχειν πόρον.

ΕΙΔΩΛΟΝ ΔΑΡΕΙΟΤ

καὶ τόδ᾽ ἐξέπραξεν, ὥστε Βόσπορον κλῆσαι μέγαν;

ΒΑΣΙΛΕΙΑ
ὧδ' ἔχει· γνώμης δέ πού τις δαιμόνων ξυνήψατο.

ΕΙΔΩΛΟΝ ΔΑΡΕΙΟΥ
725 φεῦ, μέγας τις ἦλθε δαίμων, ὥστε μὴ φρονεῖν καλῶς.

ΒΑΣΙΛΕΙΑ
ὡς ἰδεῖν τέλος πάρεστιν οἷον ἤνυσεν κακόν.

ΕΙΔΩΛΟΝ ΔΑΡΕΙΟΥ
καὶ τί δὴ πράξασιν αὐτοῖς ὧδ' ἐπιστενάζετε;

ΒΑΣΙΛΕΙΑ
ναυτικὸς στρατὸς κακωθεὶς πεζὸν ὤλεσε στρατόν.

ΕΙΔΩΛΟΝ ΔΑΡΕΙΟΥ
ὧδε παμπήδην δὲ λαὸς πᾶς κατέφθαρται δορί;

ΒΑΣΙΛΕΙΑ
730 πρὸς τάδ' ὡς Σούσων μὲν ἄστυ πᾶν κενανδρίᾳ στένει—

ΕΙΔΩΛΟΝ ΔΑΡΕΙΟΥ
ὢ πόποι κεδνῆς ἀρωγῆς κἀπικουρίας στρατοῦ.

ΒΑΣΙΛΕΙΑ
Βακτρίων δ' ἔρρει πανώλης δῆμος, οὐδέ τις †γέρων†.

ΕΙΔΩΛΟΝ ΔΑΡΕΙΟΤ
ὦ μέλεος, οἵαν ἄρ' ἥβην ξυμμάχων ἀπώλεσεν.

ΒΑΣΙΛΕΙΑ
μονάδα δὲ Ξέρξην ἔρημόν φασιν οὐ πολλῶν μέτα—

ΕΙΔΩΛΟΝ ΔΑΡΕΙΟΤ
735 πῶς τε δὴ καὶ ποῖ τελευτᾶν; ἔστι τις σωτηρία;

ΒΑΣΙΛΕΙΑ
ἄσμενον μολεῖν γέφυραν γαῖν δυοῖν ζευκτηρίαν.

ΕΙΔΩΛΟΝ ΔΑΡΕΙΟΤ
καὶ πρὸς ἤπειρον σεσῶσθαι τήνδε; τοῦτ' ἐτήτυμον;

ΒΑΣΙΛΕΙΑ
ναί, λόγος κρατεῖ σαφηνὴς τοῦτό γ'· οὐκ ἔνι στάσις.

ΕΙΔΩΛΟΝ ΔΑΡΕΙΟΤ
φεῦ, ταχεῖά γ' ἦλθε χρησμῶν πρᾶξις, εἰς δὲ παῖδ' ἐμὸν
740 Ζεὺς ἀπέσκηψεν τελευτὴν θεσφάτων· ἐγὼ δέ που
διὰ μακροῦ χρόνου τάδ' ηὔχουν ἐκτελευτήσειν θεούς·
ἀλλ', ὅταν σπεύδῃ τις αὐτός, χὠ θεὸς συνάπτεται.
νῦν κακῶν ἔοικε πηγὴ πᾶσιν ηὑρῆσθαι φίλοις·
παῖς δ' ἐμὸς τάδ' οὐ κατειδὼς ἤνυσεν νέῳ θράσει,
745 ὅστις Ἑλλήσποντον ἱρὸν δοῦλον ὣς δεσμώμασιν
ἤλπισε σχήσειν ῥέοντα, Βόσπορον ῥόον θεοῦ,

καὶ πόρον μετερρύθμιζε, καὶ πέδαις σφυρηλάτοις
περιβαλὼν πολλὴν κέλευθον ἤνυσεν πολλῷ στρατῷ·
θνητὸς ὢν δὲ θεῶν τε πάντων ᾤετ', οὐκ εὐβουλίᾳ,
750 καὶ Ποσειδῶνος κρατήσειν. πῶς τάδ' οὐ νόσος φρενῶν
εἶχε παῖδ' ἐμόν; δέδοικα μὴ πολὺς πλούτου πόνος
οὑμὸς ἀντραπεὶς γένηται τοῦ φθάσαντος ἁρπαγή.

ΒΑΣΙΛΕΙΑ
ταῦτά τοι κακοῖς ὁμιλῶν ἀνδράσιν διδάσκεται
θούριος Ξέρξης· λέγουσι δ' ὡς σὺ μὲν μέγαν τέκνοις
755 πλοῦτον ἐκτήσω σὺν αἰχμῇ, τὸν δ' ἀνανδρίας ὕπο
ἔνδον αἰχμάζειν, πατρῷον δ' ὄλβον οὐδὲν αὐξάνειν·
τοιάδ' ἐξ ἀνδρῶν ὀνείδη πολλάκις κλύων κακῶν
τήνδ' ἐβούλευσεν κέλευθον καὶ στράτευμ' ἐφ' Ἑλλάδα.

ΕΙΔΩΛΟΝ ΔΑΡΕΙΟΥ
τοιγάρ σφιν ἔργον ἐστὶν ἐξειργασμένον
760 μέγιστον, αἰείμνηστον, οἷον οὐδέπω
τόδ' ἄστυ Σούσων ἐξεκείνωσ' ἐμπεσόν,
ἐξ οὗτε τιμὴν Ζεὺς ἄναξ τήνδ' ὤπασεν,
ἕν' ἄνδρ' ἁπάσης Ἀσίδος μηλοτρόφου
ταγεῖν ἔχοντα σκῆπτρον εὐθυντήριον.
765 Μῆδος γὰρ ἦν ὁ πρῶτος ἡγεμὼν στρατοῦ,
766 ἄλλος δ' ἐκείνου παῖς τόδ' ἔργον ἤνυσεν·
768 τρίτος δ' ἀπ' αὐτοῦ Κῦρος, εὐδαίμων ἀνήρ,
769 ἄρξας ἔθηκε πᾶσιν εἰρήνην φίλοις·
767 φρένες γὰρ αὐτοῦ θυμὸν ᾠακοστρόφουν·

770 Λυδῶν δὲ λαὸν καὶ Φρυγῶν ἐκτήσατο
Ἰωνίαν τε πᾶσαν ἤλασεν βίᾳ·
θεὸς γὰρ οὐκ ἤχθηρεν, ὡς εὔφρων ἔφυ.
Κύρου δὲ παῖς τέταρτος ηὔθυνε στρατόν·
πέμπτος δὲ Μάρδος ἦρξεν, αἰσχύνη πάτρᾳ
775 θρόνοισί τ᾽ ἀρχαίοισι· τὸν δὲ σὺν δόλῳ
Ἀρταφρένης ἔκτεινεν ἐσθλὸς ἐν δόμοις
777 ξὺν ἀνδράσιν φίλοισιν, οἷς τόδ᾽ ἦν χρέος,
779 κἀγώ· πάλου δ᾽ ἔκυρσα τοὖπερ ἤθελον.
780 κἀπεστράτευσα πολλὰ σὺν πολλῷ στρατῷ,
ἀλλ᾽ οὐ κακὸν τοσόνδε προσέβαλον πόλει·
Ξέρξης δ᾽ ἐμὸς παῖς νέος ἔτ᾽ ὢν νέα φρονεῖ,
κοὐ μνημονεύει τὰς ἐμὰς ἐπιστολάς.
εὖ γὰρ σαφῶς τόδ᾽ ἴστ᾽, ἐμοὶ ξυνήλικες·
785 ἅπαντες ἡμεῖς, οἳ κράτη τάδ᾽ ἔσχομεν,
οὐκ ἂν φανεῖμεν πήματ᾽ ἔρξαντες τόσα.

ΧΟΡΟΣ
τί οὖν, ἄναξ Δαρεῖε; ποῖ καταστρέφεις
λόγων τελευτήν; πῶς ἂν ἐκ τούτων ἔτι
πράσσοιμεν ὡς ἄριστα Περσικὸς λεώς;

ΕΙΔΩΛΟΝ ΔΑΡΕΙΟΥ
790 εἰ μὴ στρατεύοισθ᾽ εἰς τὸν Ἑλλήνων τόπον,
μηδ᾽ εἰ στράτευμα πλεῖον ᾖ τὸ Μηδικόν·
αὐτὴ γὰρ ἡ γῆ ξύμμαχος κείνοις πέλει.

ΧΟΡΟΣ

πῶς τοῦτ' ἔλεξας; τίνι τρόπῳ δὲ συμμαχεῖ;

ΕΙΔΩΛΟΝ ΔΑΡΕΙΟΥ

κτείνουσα λιμῷ τοὺς ὑπερπόλλους ἄγαν.

ΧΟΡΟΣ

795 ἀλλ' εὐσταλῆ τοι λεκτὸν ἀροῦμεν στόλον.

ΕΙΔΩΛΟΝ ΔΑΡΕΙΟΥ

ἀλλ' οὐδ' ὁ μείνας νῦν ἐν Ἑλλάδος τόποις
στρατὸς κυρήσει νοστίμου σωτηρίας.

ΧΟΡΟΣ

πῶς εἶπας; οὐ γὰρ πᾶν στράτευμα βαρβάρων
περᾷ τὸν Ἕλλης πορθμὸν Εὐρώπης ἄπο;

ΕΙΔΩΛΟΝ ΔΑΡΕΙΟΥ

800 παῦροί γε πολλῶν, εἴ τι πιστεῦσαι θεῶν
χρὴ θεσφάτοισιν, εἰς τὰ νῦν πεπραγμένα
βλέψαντα· συμβαίνει γὰρ οὐ τὰ μέν, τὰ δ' οὔ.
κεἴπερ τάδ' ἐστί, πλῆθος ἔκκριτον στρατοῦ
λείπει κεναῖσιν ἐλπίσιν πεπεισμένος·
805 μίμνουσι δ' ἔνθα πεδίον Ἀσωπὸς ῥοαῖς
ἄρδει, φίλον πίασμα Βοιωτῶν χθονί·
οὗ σφιν κακῶν ὕψιστ' ἐπαμμένει παθεῖν,
ὕβρεως ἄποινα κἀθέων φρονημάτων·

οἳ γῆν μολόντες Ἑλλάδ' οὐ θεῶν βρέτη
810 ᾐδοῦντο συλᾶν οὐδὲ πιμπράναι νεώς·
βωμοὶ δ' ἄιστοι, δαιμόνων θ' ἱδρύματα
πρόρριζα φύρδην ἐξανίσταται βάθρων.
τοιγὰρ κακῶς δράσαντες οὐκ ἐλάσσονα
πάσχουσι, τὰ δὲ μέλλουσι, κοὐδέπω κακῶν
815 κρηνὶς ὑπέστη, κἄλλ' ἔτ' ἐκπιδύεται.
τόσος γὰρ ἔσται πελανὸς αἱματοσφαγὴς
πρὸς γῇ Πλαταιῶν Δωρίδος λόγχης ὕπο·
θῖνες νεκρῶν δὲ καὶ τριτοσπόρῳ γονῇ
ἄφωνα σημανοῦσιν ὄμμασιν βροτῶν
820 ὡς οὐχ ὑπέρφευ θνητὸν ὄντα χρὴ φρονεῖν·
ὕβρις γὰρ ἐξανθοῦσ' ἐκάρπωσε στάχυν
ἄτης, ὅθεν πάγκλαυτον ἐξαμᾷ θέρος.
τοιαῦθ' ὁρῶντες τῶνδε τἀπιτίμια
μέμνησθ' Ἀθηνῶν Ἑλλάδος τε, μηδέ τις
825 ὑπερφρονήσας τὸν παρόντα δαίμονα
ἄλλων ἐρασθεὶς ὄλβον ἐκχέῃ μέγαν.
Ζεύς τοι κολαστὴς τῶν ὑπερκόμπων ἄγαν
φρονημάτων ἔπεστιν, εὔθυνος βαρύς.
πρὸς ταῦτ' ἐκεῖνον σωφρονεῖν κεχρημένοι
830 πινύσκετ' εὐλόγοισι νουθετήμασιν
λῆξαι θεοβλαβοῦνθ' ὑπερκόμπῳ θράσει.
σὺ δ', ὦ γεραιὰ μῆτερ ἡ Ξέρξου φίλη,
ἐλθοῦσ' ἐς οἴκους κόσμον, ὅστις εὐπρεπής,
λαβοῦσ' ὑπαντίαζε παιδί· πάντα γὰρ
835 κακῶν ὑπ' ἄλγους λακίδες ἀμφὶ σώματι

στημορραγοῦσι ποικίλων ἐσθημάτων.
ἀλλ' αὐτὸν εὐφρόνως σὺ πράυνον λόγοις·
μόνης γάρ, οἶδα, σοῦ κλύων ἀνέξεται.
ἐγὼ δ' ἄπειμι γῆς ὑπὸ ζόφον κάτω.
840 ὑμεῖς δέ, πρέσβεις, χαίρετ', ἐν κακοῖς ὅμως
ψυχῇ διδόντες ἡδονὴν καθ' ἡμέραν·
ὡς τοῖς θανοῦσι πλοῦτος οὐδὲν ὠφελεῖ.

ΧΟΡΟΣ
ἦ πολλὰ καὶ παρόντα καὶ μέλλοντ' ἔτι
ἤλγησ' ἀκούσας βαρβάροισι πήματα.

ΒΑΣΙΛΕΙΑ
845 ὦ δαῖμον, ὥς με πόλλ' ἐσέρχεται κακὰ
ἄλγη· μάλιστα δ' ἥδε συμφορὰ δάκνει,
ἀτιμίαν γε παιδὸς ἀμφὶ σώματι
ἐσθημάτων κλυοῦσαν, ἥ νιν ἀμπέχει.
ἀλλ' εἶμι, καὶ λαβοῦσα κόσμον ἐκ δόμων
850 ὑπαντιάζειν †ἐμῷ παιδὶ† πειράσομαι·
οὐ γὰρ τὰ φίλτατ' ἐν κακοῖς προδώσομεν.

ΧΟΡΟΣ
στρ. α ὦ πόποι, ἦ μεγάλας ἀγαθᾶς τε πο-
λισσονόμου βιοτᾶς ἐπεκύρσαμεν, εὖθ' ὁ γεραιὸς
855 πανταρκὴς ἀκάκας ἄμαχος βασιλεὺς
ἰσόθεος Δαρεῖος ἆρχε χώρας.

ἀντ. α
860

πρῶτα μὲν εὐδοκίμους στρατιὰς ἀπε-
φαινόμεθ᾽ ἠδὲ †νομίματα πύργινα πάντ᾽ ἐπεύθυνον†·
νόστοι δ᾽ ἐκ πολέμων ἀπόνους ἀπαθεῖς
<ἄνδρας> ἐς εὖ πράσσοντας ἆγον οἴκους.

στρ. β
867
870

ὅσσας δ᾽ εἷλε πόλεις πόρον οὐ διαβὰς Ἅλυος ποταμοῖο
οὐδ᾽ ἀφ᾽ ἑστίας συθείς,
οἷαι Στρυμονίου πελάγους Ἀχελωΐδες εἰσὶ πάροικοι
Θρηΐκων ἐπαύλεις·

ἀντ. β
875

879

λίμνας τ᾽ ἔκτοθεν αἱ κατὰ χέρσον ἐληλαμέναι πέρι πύργον
τοῦδ᾽ ἄνακτος ἄιον,
Ἕλλας τ᾽ ἀμφὶ πόρον πλατὺν ἐκχύμεναι, μυχία τε Προποντὶς
καὶ στόμωμα Πόντου·

στρ. γ

885

νᾶσοί θ᾽ αἱ κατὰ πρῶν᾽ ἅλιον περίκλυστοι
τᾷδε γᾷ προσήμεναι,
οἵα Λέσβος ἐλαιόφυτός τε Σάμος,
Χίος ἠδὲ Πάρος, Νάξος, Μύκονος,
Τήνῳ τε συνάπτουσ᾽ Ἄνδρος ἀγχιγείτων·

ἀντ. γ
891

895

καὶ τὰς ἀγχιάλους ἐκράτυνε μεσάκτους,
Λῆμνον Ἰκάρου θ᾽ ἕδος,
καὶ Ῥόδον ἠδὲ Κνίδον, Κυπρίας τε πόλεις
Πάφον ἠδὲ Σόλους Σαλαμῖνά τε, τᾶς
νῦν ματρόπολις τῶνδ᾽ αἰτία στεναγμῶν·

ἐπῳδ. καὶ τὰς εὐκτεάνους κατὰ κλῆρον Ἰαόνιον πολυάνδρους
900 Ἑλλάνων ἐκράτυνε <πόλεις> σφετέραις φρεσίν·
ἀκάματον δὲ παρῆν σθένος ἀνδρῶν τευχηστήρων
παμμίκτων τ' ἐπικούρων.
905 νῦν δ' οὐκ ἀμφιλόγως θεότρεπτα τάδ' αὖ φέρομεν πολέμοισι,
δμαθέντες μεγάλως πλαγαῖσι ποντίαισιν.

ΞΕΡΞΗΣ
ἰὼ ἰώ·
δύστηνος ἐγώ, στυγερᾶς μοίρας
910 τῆσδε κυρήσας ἀτεκμαρτοτάτης.
ὡς ὠμοφρόνως δαίμων ἐνέβη
Περσῶν γενεᾷ· τί πάθω τλήμων;
λέλυται γὰρ ἐμοὶ γυίων ῥώμη
τήνδ' ἡλικίαν ἐσιδόντ' ἀστῶν.
915 εἴθ' ὄφελε, Ζεῦ, κἀμὲ μετ' ἀνδρῶν
τῶν οἰχομένων
θανάτου κατὰ μοῖρα καλύψαι.

ΧΟΡΟΣ
ὀτοτοῖ, βασιλεῦ, στρατιᾶς ἀγαθῆς
καὶ περσονόμου τιμῆς μεγάλης
920 κόσμου τ' ἀνδρῶν,
οὓς νῦν δαίμων ἐπέκειρεν.

προῳδ. γᾶ δ' αἰάζει τὰν ἐγγαίαν
ἥβαν Ξέρξᾳ κταμέναν, Ἅιδου

ΠΕΡΣΑΙ

σάκτορι Περσᾶν· ἀγδαβάται γὰρ
925 πολλοὶ φῶτες, χώρας ἄνθος,
τοξοδάμαντες, πάνυ ταρφύς τις
μυριὰς ἀνδρῶν, ἐξέφθινται.
αἰαῖ αἰαῖ κεδνᾶς ἀλκᾶς·
Ἀσία δὲ χθών, βασιλεῦ γαίας,
930 αἰνῶς αἰνῶς ἐπὶ γόνυ κέκλιται.

ΞΕΡΞΗΣ

στρ. α   ὅδ' ἐγών, οἰοῖ, αἰακτός·
μέλεος γέννᾳ γᾷ τε πατρῴᾳ
κακὸν ἄρ' ἐγενόμαν.

ΧΟΡΟΣ

935 πρόσφθογγόν σοι †νόστου τὰν†
κακοφατίδα βοάν, κακομέλετον ἰὰν
Μαριανδυνοῦ θρηνητῆρος
940 πέμψω πέμψω πολύδακρυν.

ΞΕΡΞΗΣ

ἀντ. α   ἵετ' αἰανῆ πάνδυρτον
δύσθροον αὐδάν· δαίμων γὰρ ὅδ' αὖ
μετάτροπος ἐπ' ἐμοί.

ΧΟΡΟΣ

ἥσω τοι καὶ πάνυ, †λαο-
945 παθῆ τε σεβίζων† ἁλίτυπά τε βάρη

πόλεως, γέννας· πενθητῆρος
κλάγξω δὴ γοόν ἀρίδακρυν.

ΞΕΡΞΗΣ

στρ. β Ἰάων γὰρ ἀπηύρα,
951 Ἰάων ναύφαρκτος Ἄρης ἑτεραλκὴς
νυχίαν πλάκα κερσάμενος δυσδαίμονά τ' ἀκτάν.

ΧΟΡΟΣ

955 οἰοιοῖ βόα καὶ πάντ' ἐκπεύθου.
ποῦ δὲ φίλων ἄλλος ὄχλος;
ποῦ δέ σοι παραστάται,
οἷος ἦν Φαρανδάκης,
Σούσας, Πελάγων καὶ Δατάμας
960 ἠδὲ Ψάμμις Σουσισκάνης τ'
Ἀγβάτανα λιπών;

ΞΕΡΞΗΣ

ἀντ. β ὀλοοὺς ἀπέλειπον
Τυρίας ἐκ ναὸς ἔρροντας ἐπ' ἀκταῖς
965 Σαλαμινιάσι, στυφέλου θείνοντας ἐπ' ἄκρας.

ΧΟΡΟΣ

οἰοιοῖ †ποῦ δέ† σοι Φαρνοῦχος
κἀριόμαρδός γ' ἀγαθός;
ποῦ δὲ Σενάλκης ἄναξ
970 ἢ Λίλαιος εὐπάτωρ,

Μέμφις, Θάρυβις καὶ Μασίστρας
Ἀρτεμβάρης τ' ἠδ' Ὑσταίχμας;
τάδε σ' ἐπανερόμαν.

ΞΕΡΞΗΣ

στρ. γ ἰώ, ἰώ μοι·
975 τὰς ὠγυγίους κατιδόντες
στυγνὰς Ἀθάνας πάντες ἑνὶ πιτύλῳ,
ἒ ἔ, ἒ ἔ, τλάμονες ἀσπαίρουσι χέρσῳ.

ΧΟΡΟΣ

ἦ καὶ Περσᾶν τὸν ἄωτον,
τὸν σὸν πιστὸν πάντ' ὀφθαλμόν,
980 μυρία μυρία πεμπαστάν,
<⏑⏑⏑⏑>, Βατανώχου
παῖδ' ἄλπιστον
τοῦ Σεισάμα τοῦ Μεγαβάτα,
Πάρθον τε μέγαν τ' Οἰβάρην
985 ἔλιπες ἔλιπες; ὢ ὢ δαΐων·
Πέρσαις ἀγαυοῖς κακὰ πρόκακα λέγεις.

ΞΕΡΞΗΣ

ἀντ. γ ἴυγγά μοι δῆτ'
ἀγαθῶν ἑτάρων ἀνακινεῖς
990 ἄλαστ' ἄλαστα στυγνὰ πρόκακα λέγων.
βοᾷ βοᾷ μοι μελέων ἔνδοθεν ἦτορ.

ΧΟΡΟΣ
καὶ μὴν ἄλλους γε ποθοῦμεν,
Μάρδων ἀνδρῶν μυριόταγον
Ξάνθην, Ἀρίων τ' Ἀγχάρην,
995 Διάιξίν τ' ἠδ' Ἀρσάκην
ἱππιάνακτας,
†κηγδαδάταν† καὶ Λυθίμναν
Τόλμον τ' αἰχμᾶς ἀκόρεστον·
1000 ἔταφον ἔταφον οὐκ ἀμφὶ σκηναῖς
τροχηλάτοισιν ὄπιθεν ἑπομένους.

ΞΕΡΞΗΣ
στρ. δ βεβᾶσι γὰρ τοίπερ ἀγρέται στρατοῦ.

ΧΟΡΟΣ
βεβᾶσιν, οἴ, νώνυμοι.

ΞΕΡΞΗΣ
ἰὴ ἰή, ἰὼ ἰώ.

ΧΟΡΟΣ
1005 ἰὼ ἰὼ δαίμονες,
†ἔθετ'† ἄελπτον κακὸν
διαπρέπον· οἷον δέδορκεν Ἄτα.

ΞΕΡΞΗΣ
ἀντ. δ πεπλήγμεθ' †οἴᾳ δι' αἰῶνος τύχᾳ†.

ΧΟΡΟΣ
πεπλήγμεθ'· εὔδηλα γάρ—

ΞΕΡΞΗΣ
1010 νέᾳ νέᾳ δύᾳ δύᾳ.

ΧΟΡΟΣ
Ἰαόνων ναυβατᾶν
κύρσαντες οὐκ εὐτυχῶς.
δυσπόλεμον δὴ γένος τὸ Περσᾶν.

ΞΕΡΞΗΣ
στρ. ε πῶς δ' οὔ; στρατὸν μὲν τοσοῦ-
1015 τον τάλας πέπληγμαι.

ΧΟΡΟΣ
τί δ' οὐκ ὄλωλεν, μεγάλατε Περσᾶν;

ΞΕΡΞΗΣ
ὁρᾷς τὸ λοιπὸν τόδε τᾶς ἐμᾶς στολᾶς;

ΧΟΡΟΣ
ὁρῶ ὁρῶ.

ΞΕΡΞΗΣ
1020 τόνδε τ' οἰστοδέγμονα—

ΧΟΡΟΣ

τί τόδε λέγεις σεσωμένον;

ΞΕΡΞΗΣ

θησαυρὸν βελέεσσιν;

ΧΟΡΟΣ

βαιά γ' ὡς ἀπὸ πολλῶν.

ΞΕΡΞΗΣ

ἐσπανίσμεθ' ἀρωγῶν.

ΧΟΡΟΣ

1025 Ἰάνων λαὸς οὐ φυγαίχμας.

ΞΕΡΞΗΣ

ἀντ. ε ἄγαν ἄρειος· κατεῖ-
δον δὲ πῆμ' ἄελπτον.

ΧΟΡΟΣ

τραπέντα ναύφαρκτον ἐρεῖς ὅμιλον;

ΞΕΡΞΗΣ

1030 πέπλον δ' ἐπέρρηξ' ἐπὶ συμφορᾷ κακοῦ.

ΧΟΡΟΣ

παπαῖ παπαῖ.

ΞΕΡΞΗΣ

καὶ πλέον ἢ παπαῖ μὲν οὖν.

ΧΟΡΟΣ

δίδυμα γάρ ἐστι καὶ τριπλᾶ.

ΞΕΡΞΗΣ

λυπρά· χάρματα δ' ἐχθροῖς.

ΧΟΡΟΣ

1035 καὶ σθένος γ' ἐκολούθη—

ΞΕΡΞΗΣ

γυμνός εἰμι προπομπῶν.

ΧΟΡΟΣ

—φίλων ἄταισι ποντίαισιν.

ΞΕΡΞΗΣ

στρ. ζ   δίαινε δίαινε πῆμα· πρὸς δόμους δ' ἴθι.

ΧΟΡΟΣ

1047 διαίνομαι γοεδνὸς ὤν.

ΞΕΡΞΗΣ

1040 βόα νυν ἀντίδουπά μοι.

ΧΟΡΟΣ
δόσιν κακὰν κακῶν κακοῖς.

ΞΕΡΞΗΣ
ἴυζε μέλος ὁμοῦ τιθείς.

ΞΕΡΞΗΣ καὶ ΧΟΡΟΣ
ὀτοτοτοτοῖ.

ΧΟΡΟΣ
βαρεῖά γ' ἅδε συμφορά·
1045 οἴ, μάλα καὶ τόδ' ἀλγῶ.

ΞΕΡΞΗΣ
ἀντ. ζ ἔρεσσ' ἔρεσσε καὶ στέναζ' ἐμὴν χάριν.

ΧΟΡΟΣ
1039 αἰαῖ αἰαῖ, δύα δύα.

ΞΕΡΞΗΣ
1048 βόα νυν ἀντίδουπά μοι.

ΧΟΡΟΣ
μέλειν πάρεστι, δέσποτα.

ΞΕΡΞΗΣ
1050 ἐπορθίαζέ νυν γόοις.

ΞΕΡΞΗΣ καὶ ΧΟΡΟΣ
ὀτοτοτοτοῖ.

ΧΟΡΟΣ
μέλαινα δ' ἀμμεμείξεται,
οἴ, στονόεσσα πλαγά.

ΞΕΡΞΗΣ
στρ. η   καὶ στέρν' ἄρασσε κἀπιβόα τὸ Μύσιον.

ΧΟΡΟΣ
1055   ἄνια ἄνια.

ΞΕΡΞΗΣ
καί μοι γενείου πέρθε λευκήρη τρίχα.

ΧΟΡΟΣ
ἄπριγδ' ἄπριγδα, μάλα γοεδνά.

ΞΕΡΞΗΣ
ἀύτει δ' ὀξύ.

ΧΟΡΟΣ
    καὶ τάδ' ἔρξω.

ΞΕΡΞΗΣ
ἀντ. η   πέπλον δ' ἔρεικε κολπίαν ἀκμῇ χερῶν.

ΧΟΡΟΣ
1061 ἄνια ἄνια.

ΞΕΡΞΗΣ
καὶ ψάλλ' ἔθειραν καὶ κατοικτίσαι στρατόν.

ΧΟΡΟΣ
ἄπριγδ' ἄπριγδα, μάλα γοεδνά.

ΞΕΡΞΗΣ
διαίνου δ' ὄσσε.

ΧΟΡΟΣ
1065 τέγγομαί τοι.

ΞΕΡΞΗΣ
ἐπῳδ. βόα νυν ἀντίδουπά μοι.

ΧΟΡΟΣ
οἰοῖ οἰοῖ.

ΞΕΡΞΗΣ
αἰακτὸς εἰς δόμους κίε.

ΧΟΡΟΣ
ἰὼ ἰώ.

ΞΕΡΞΗΣ

1070 ἰῷα δὴ κατ' ἄστυ—

ΞΟΡΟΣ

ἰῷα δῆτα, ναὶ ναί.

ΞΕΡΞΗΣ

γοᾶσθ' ἁβροβάται.

ΧΟΡΟΣ

ἰὼ ἰώ, Περσὶς αἶα δύσβατος.

ΞΕΡΞΗΣ

⟨   ⟩

ΧΟΡΟΣ

⟨   ⟩

ΞΕΡΞΗΣ

ἠὴ ἠή, τρισκάλμοισιν—

ΧΟΡΟΣ

ἠὴ ἠή, βάρισιν ὀλόμενοι.

ΞΕΡΞΗΣ

⟨   ⟩

ΧΟΡΟΣ

πέμψω τοί σε δυσθρόοις γόοις.

Comentários Sobre *Os Persas*

Enquanto a tragédia estava prestes a se tornar uma performance dramática menos angulosa e mais unificada nas mãos dos sucessores de Ésquilo, as peças do autor, particularmente *Os Persas*, revelavam alguns dos charmes e poder do teatro num momento em que unidade orgânica não era o objetivo maior dos poetas. O estilo intelectual e estético predominante no período arcaico, o da parataxe, cria sua estrutura a partir dos elementos que retêm a definição ao invés de se fundir no todo.

[...]

A independência relativa das unidades nesse estilo remoto tem o efeito secundário de evidenciar e mesmo de isolar o material que conecta unidade a unidade, de maneira que junções, como no caso típico da "estrutura anelar" ou do final recapitulativo, tendem a ser mecânicas ao invés de orgânicas, abruptas e claramente marcadas ao invés de fluidas e indiscerníveis. Disso decorre que a estrutura do trabalho composto por justaposição apresenta-se aberta, prontamente acessível à percepção consciente de seu público.

[...]
Começamos *Os Persas* com a mãe de Xerxes. O público ateniense, cuja animosidade por Xerxes deve ser continuamente estimulada pela visão dos restos incendiados no monte acima do teatro, seria levado a se apiedar do inimigo monstruoso por causa da atitude incondicional e íntima da rainha. Seria difícil imaginar um dispositivo mais eficaz para desencadear compaixão por uma figura do que levar o público a ver – não o próprio vilão – mas sua mãe idosa. Concluímos a peça com o pai de Xerxes, mas um pai inumano que surge tal qual um fantasma do superego de Xerxes para condenar seu filho. As acusações do fantasma, nos termos persas do drama, e portanto necessariamente nos da audiência, são irrespondíveis por causa da conexão próxima de Dario com o reino e com Xerxes e por causa de seu imenso prestígio.

ANN N. MICHELINI
Tradition and Dramatic Form
in *The Persians of Aeschylus*, Leiden: E.J. Brill, 1982, p. 69-70 e 153.

* * *

A repetição aparece, *a priori*, seja como uma imperícia estilística, seja como um procedimento bem pobre e algo simplista cujo estudo corre o risco de ser ingrato e pouco producente. Quando os comentadores analisam uma peça de Ésquilo, mostram frequentemente como o texto é "ritmado", "escandido" por uma "insistência verbal" ou por "retomadas lancinantes", sem identificar claramente nisso o efeito de uma técnica poética baseada em parte no princípio da repetição. Aristófanes poderia certamente caricaturar o emprego desse recurso; mas de uma outra perspectiva crítica que não exclui a admiração pelo método de composição esquiliano, é útil distinguir a natureza exata desse procedimento que não tem nada de vergonhoso.

Ésquilo o emprega com uma arte consumada, de modo a produzir efeitos potentes e variados. Paradoxalmente, de fato, na sua poesia, a repetição não funciona só como figura de construção ou de elocução, mas também como tropo, ou seja, pela insistência, o poeta modifica a significação de uma palavra tão eficazmente quanto se a empregasse como metáfora. Nos *Persas*, em particular, a repetição não é neutra; ela favorece uma verdadeira transformação semântica.

Na verdade, o estudo desse procedimento aparece particularmente justificado, a propósito desta peça, porque, desde o párodo, seu emprego é múltiplo e se integra em toda uma pesquisa estilística: ele é com frequência associado a outras figuras como a anáfora, por exemplo; Ésquilo se mostra bastante inventivo quando se trata de colocar em destaque uma repetição e carregá-la de sentido. Além disso, as retomadas lexicais refletem, no plano vocabular, a aplicação de uma mesma técnica no domínio estrutural: várias vezes, nos *Persas*, o poeta enumera os chefes persas em combate, e as tiradas ou as réplicas se fazem ecoar de maneira muito característica. É por isso que esse procedimento estilístico, em todos os seus níveis, pode ser examinado da maneira mais convincente no limite das passagens precisas em que Ésquilo evoca os guerreiros bárbaros. Os efeitos são complexos: os termos se repetem no interior de um mesmo trecho; eles se fazem ecoar também, de maneira sutil, de uma ponta a outra dos *Persas*.

JACQUELINE ASSAËL
La Répétition comme procédé stylistique dans les *Perses* d'Eschyle, em *Cahier du* GITA, n. 7, Montpelier: Univ. Paul Valéry, 1992-1993, p. 15-16.

* * *

Tal interpretação – de que a peça se ocupa da celebração do sistema democrático ateniense, com seu núcleo compacto de cidadãos-remadores, e da tomada de posição frente às manobras contemporâneas de políticos de elite – é sustentada pela apresentação dos persas e seu império como deficientes exatamente nas qualidades que os atenienses apreciavam imaginar que caracterizavam seu sistema democrático: liberdade de expressão, ausência de protocolo hierárquico, responsabilidade de magistrados e proteção do indivíduo diante das leis. O coro lamenta que o domínio imperial persa corra risco agora (584-594): os súditos não mais pagarão tributo ao rei, nem se prostrarão diante dele, nem refrearão suas opiniões. E, no entanto, tal como a rainha lembra ao coro, quaisquer que sejam seus fracassos, Xerxes permanece rei e "inatingível" para a população (213). Além disso, sob o regime de Xerxes, até mesmo os comandantes navais de alto escalão podiam ser executados sumariamente sem julgamento (369-371).

Igualmente importantes para a autoimagem democrática ateniense eram os ideais de autodisciplina e *andreia* ("coragem" ou, mais literalmente, "hombridade"): sugere-se em várias passagens que os persas são covardes, indisciplinados, emotivos e caóticos, além de fortemente efeminados pela linguagem, atitudes e imagens. Os atenienses patriarcais dos velhos tempos usavam diferenciais de gênero e hierarquias de gênero para ajudá-los a explicar suas relações com muitos grupos além das mulheres: a supremacia dos homens sobre as mulheres era vista como natural e, ao traçar paralelos entre a assimetria de poder entre homens e mulheres e o relacionamento de gregos com persas, a ascendência do vitorioso sobre o perdedor na peça é "naturalizada", recebendo assim sua legitimação poderosa.

EDITH HALL
Aeschylus-Persians,
Warminster: Aris & Phillips, 1996, p. 13.

* * *

A representação de Xerxes como o único rei persa a liderar pessoalmente o exército da Ásia pelo interior do continente europeu; o contraste entre Xerxes e seu pai Dario, apresentado como o regente sábio e comedido, consciente da moira destinada pelos deuses aos persas – esses dois pontos, por mais que contrariem a história, marcam o Xerxes da peça como um tipo notavelmente arrogante, que sozinho coloca a si e sua população em perigo extremo. A fuga incontinente de Xerxes logo após a derrota em Salamina; o desdém (mas não a omissão) da batalha em Plateia – essas distorções tornam a catástrofe dramática em Salamina mais consumada, vertiginosa e absoluta; e, finalmente, o congelamento e posterior derretimento do rio Estrimo em que submergem os sobreviventes do exército de Xerxes que periclitavam rumo ao lar – essa invenção (ou invenção parcial) do poeta serve para isolar o aspecto da ruína imposta pelo deus de um modo que era impossível em Salamina, onde gregos e, particularmente, a excelência (*aretê*) ateniense se juntam ao destino (*dâimon*) para levar catástrofe ao rei.

O tema dos *Persas*, então, é simplesmente a demonstração da vingança (*nêmesis*) divina em resposta à ambição desmedida da ganância humana e a confiança exagerada no poder e na riqueza, a velha sequência de insolência-desmedida-insensatez (*koros-hybris-atê*) familiar à plateia ateniense desde os dias de Sólon. Até os paradoxos recorrentes de Ésquilo – tentação divina para incitar a transgressão humana, ruína predeterminada para equilibrar a escolha humana – são bem sucedidos (mais claramente do que em outro lugar na obra do autor) em complementar o tema ético. Tanto a ideia básica quanto a ação pela qual essa ideia vai ser demonstrada (a derrota de Xerxes) são conhecidas da plateia e em nenhum caso os movimentos dos navios e tropas devem ser confundidos com os movimentos de um drama. Dessa forma, numa peça como *Os Persas*, haverá pouca ocasião para ação projetiva ou linear e absolutamente nenhuma para um desenvolvimento complexo da trama.

D. J. CONACHER
Aeschylus: The Earlier Plays and Related Studies,
Toronto: University of Toronto Press, 1996, p. 8-9.

* * *

Tal é a nêmesis do poder persa, o trabalho de uma divindade vingativa, mas também (ou alguém poderia também dizer "e consequentemente") uma exemplificação da lei bem conhecida de todo grego pensante desde Sólon até Tucídides e além, que o sucesso alimenta a ambição e que a coisa mais árdua do mundo é saber quando parar. E essa lei não se aplica somente aos persas. Este Xerxes não é um homem sórdido. As tradicionais barbaridades do tirano – seja na vida real ou no palco – estão nitidamente ausentes de seu retrato. Até mesmo a destruição de santuários gregos é atribuída ao exército coletivamente e não a ele pessoalmente (809-815) e é o exército em vez dele que paga por isso. A pior coisa que alguém atribui a Xerxes é a ameaça de decapitar os almirantes se a frota grega escapar de Salamina (369-371) – uma ameaça que ao final não se cumpre e que em todo caso não era pior, em princípio, que a pena de morte da qual um ateniense tão importante quanto Miltíades por pouco escapou, ao falhar na captura de Paros. São os gregos, se alguém, que são retratados como algozes.

Xerxes é meramente fraco e vaidoso; de muitas maneiras parecido com Agamêmnon que Ésquilo viria a retratar quatorze anos mais tarde. É até concebível que Ésquilo tenha tentado a façanha, aparentemente impossível, de induzir sua plateia a sentir pena do homem que havia queimado sua cidade e da grande nação que sua loucura e ambição haviam aniquilado.

ALAN H. SOMMERSTEIN
Aeschylean Tragedy,
Bari: Levante, 1996, p. 96.

Este livro foi impresso na cidade de Cotia,
nas oficinas da Meta Brasil,
para a Editora Perspectiva.